社群运营实务

主 编 游筱婷 林 琛
副主编 张 玲 施 芬

北京理工大学出版社
BEIJING INSTITUTE OF TECHNOLOGY PRESS

内 容 简 介

本书紧密围绕行业应用，以实战为核心，深入剖析了社群营销与运营的核心方法和实用技能。全书共分为八个项目。

项目一，详细阐述了社群的基本概念与起源，回顾了互联网时代的社群发展历程，并深入探讨了社群的生命周期管理及其商业价值，旨在帮助从业者建立起对社群营销与运营的全面而深刻的理解。

项目二，指导从业者如何从零开始，逐步构建一个具备可持续成长潜力的社群，为后续的运营工作奠定坚实基础。

项目三，重点关注社群成员的招募与管理，分享了一系列实用的方法和技巧，帮助从业者打造一支高效、稳定的社群团队。

项目四，深入探讨了如何活跃社群氛围，如何有效处理群内可能出现的纠纷，确保社群的和谐与稳定。

项目五，详细解析了策划社群线下活动的完整流程，为从业者提供了从策划到执行的全套解决方案。

项目六，聚焦运营团队的搭建与人才培养，分享了如何吸引并留住优秀的社群运营人才，为社群的长期发展提供有力保障。

项目七，探讨了扩大社群规模的恰当时机与有效策略，帮助从业者实现社群的快速扩张。

项目八，重点关注社群商业变现的方式，特别是知识类产品的变现策略，为从业者提供了最大化实现社群商业价值的有效途径。

本书不仅适合作为高等院校市场营销类、企业管理类、电子商务类等专业新媒体营销课程的教学用书，也适合从事企业营销、新媒体营销等工作的人员以及对社群营销与运营感兴趣的广大读者阅读使用。无论您是初学者还是经验丰富的从业者，都能从中获益。

版权专有　侵权必究

图书在版编目（CIP）数据

社群运营实务 / 游筱婷，林琛主编. -- 北京：北京理工大学出版社，2024.7.
ISBN 978-7-5763-4373-1

Ⅰ. F713.365.2

中国国家版本馆 CIP 数据核字第 20243MA075 号

责任编辑：申玉琴		**文案编辑**：申玉琴	
责任校对：王雅静		**责任印制**：施胜娟	

出版发行 / 北京理工大学出版社有限责任公司
社　　址 / 北京市丰台区四合庄路 6 号
邮　　编 / 100070
电　　话 /（010）68914026（教材售后服务热线）
　　　　　　（010）68944437（课件资源服务热线）
网　　址 / http://www.bitpress.com.cn
版 印 次 / 2024 年 7 月第 1 版第 1 次印刷
印　　刷 / 涿州市新华印刷有限公司
开　　本 / 787 mm×1092 mm　1/16
印　　张 / 13.5
字　　数 / 280 千字
定　　价 / 70.00 元

图书出现印装质量问题，请拨打售后服务热线，负责调换

前　　言

　　随着数字时代的浪潮席卷而来，互联网等数字技术已深度融入人们的日常生活，打造出多元化的生活场景，成为连接社会交往的重要纽带。数字技术的崛起，对传统营销理念产生了深远影响，虚拟社交群体悄然形成，社群营销成为众多企业争夺市场份额的战略要地。特别是在以微信为代表的移动互联网时代，社群经济如日中天，成为众多创业者竞相探索的新兴商业模式。

　　时至今日，社群营销已不再是新鲜词汇，而是深入人心的营销理念。我们不难发现，微信、QQ、抖音、微博等平台上，社群营销的身影随处可见，成功案例亦不胜枚举。社群营销凭借精准定位、灵活多变、成本低廉、门槛亲民等诸多优势，吸引着越来越多的企业纷纷投身其中。然而，成功运营一个社群，却并非易事。

　　党的二十大报告明确指出，培养大批德才兼备的高素质人才，对于国家和民族的长远发展至关重要。为了更好地满足社群营销相关专业学生和从业人员的学习需求，培养更多适应社群营销与运营发展需要的专业人才，编者结合自身多年的社群营销教学与实战经验，精心编写了本书。

　　本书力求以通俗易懂的语言、图文并茂的形式，结合丰富的观点、生动的案例和实用的方法，帮助读者深入理解社群营销与运营的核心要义，提升独立处理社群营销与运营相关问题的能力。我们期待通过本书，为读者在社群营销的道路上提供有益的指引，助力读者在激烈的市场竞争中脱颖而出。

　　本书不仅集结了社群营销与运营的前沿理论，更融入了丰富的实战技巧和实践经验，其主要特色如下。

　　1. 实操性强

　　本书致力于培养实战型应用人才，因此定位为应用型教材。基于编者在社群营销与运营领域深厚的教学与实战经验，本书在深入剖析理论的同时，特别注重实战应用。本书穿插大量真实案例，并设计了实战练习环节，使读者能够在理论学习的同时掌握实际操作技能。

　　2. 内容覆盖广泛

　　本书的内容体系完整且全面，既涵盖了社群营销与运营的各种方法与技巧，又深入剖析了主流社群平台，如微博、小红书、QQ、微信、抖音等的运营特点。这样的内容设置有助于读者快速而全面地掌握社群营销与运营的核心知识。

3. 形式灵活多变

本书在编排上匠心独运，设置了"知识窗""素养园地""能力训练"等多种模块，使内容的呈现形式丰富多样。这种设计不仅能够有效活跃课堂氛围，更能激发读者的学习兴趣，提高学习效果。

4. 配套资源丰富

为了辅助教学，本书提供了丰富的教学资源，包括教学 PPT、课后习题答案、教学大纲、电子教案、微课视频以及各类素材等。这些资源能够满足不同读者的学习需求，同时为教师的教学工作提供有力支持。

5. 强调思考与练习

本书特别设置了"能力训练"模块，旨在引导读者对所学知识进行深度思考和总结。通过这一模块，读者不仅能够巩固所学知识，还能学习如何在实际工作中灵活运用所学知识和技能，实现知识的价值转化。

本书由福州软件职业技术学院的游筱婷、林琛、张玲，福建华南女子职业学院施芬共同编写。游筱婷负责项目一、项目七、项目八的编写工作，林琛负责项目二、项目三、项目五的编写工作，张玲负责项目四、项目六的编写工作，施芬负责整理部分案例。全书由游筱婷负责统稿工作。

在编写本书的过程中，编者不仅得到了众多朋友的热心帮助，还得到了诸多企业的案例支持，实战案例使本书内容更加丰富和真实。同时，本书也参考了诸多学者的研究成果，汲取了他们的智慧和经验。在此，向所有给予支持和帮助的朋友、学者以及案例提供方表示衷心的感谢。各位的慷慨奉献和专业支持，使本书得以更加完善，更具有实际应用价值。

由于编者水平有限，书中难免存在不足之处，恳请广大读者批评指正。我们期待与读者们共同学习、共同进步，为社群营销与运营领域的发展贡献更多的力量。

编　者

目　　录

项目一　走进社群营销 ... 001

任务1　认识社群 ... 002
一、什么是社群 ... 002
二、社群的溯源 ... 003

任务2　了解互联网时代的社群发展历程 ... 004
一、互联网在线社交迭代 ... 004
二、移动互联网时代的在线社交 ... 005

任务3　熟悉社群的生命周期管理 ... 008
一、认识社群的生命周期 ... 008
二、延长社群的生命周期 ... 010
三、社群规模悖论 ... 013
四、基于社群价值输出模式 ... 014

任务4　了解社群的商业价值 ... 016
一、社群的社交特征 ... 017
二、社群的传播特征 ... 017
三、社群的商业价值 ... 018

能力训练 ... 020

项目二　构建可持续成长的社群 ... 022

任务1　搭建社群的准备工作 ... 022
一、社群的搭建目的 ... 023
二、社群的价值体系 ... 026
三、目标人群和角色分配 ... 028
四、打造社群名片 ... 031

任务2　搭建社群的工具 ... 034
一、常见的社群搭建平台 ... 034
二、常见的社群运营工具 ... 039
三、打造社群的图文团队 ... 048

任务 3　构建社群的基本流程 ·········· 050
　　一、社群的成员聚拢 ·········· 050
　　二、社群的价值输出 ·········· 052
　　三、可持续成长社群的发展规划 ·········· 054
　　能力训练 ·········· 058

项目三　社群成员的招募与管理 ·········· 060

任务 1　社群成员的配置 ·········· 060
　　一、社群成员角色 ·········· 060
　　二、社群成员的配置策略 ·········· 063
任务 2　社群成员的招募 ·········· 064
　　一、基本引流路径 ·········· 064
　　二、社群成员或好友引流 ·········· 068
　　三、社群的裂变"涨粉"设计 ·········· 070
　　四、海报图文 ·········· 074
任务 3　社群成员的管理 ·········· 077
　　一、社群成员入群流程 ·········· 077
　　二、社群成员的日常管理 ·········· 079
　　三、社群成员的信息收集与整理 ·········· 082
　　能力训练 ·········· 084

项目四　社群氛围的活跃技巧 ·········· 086

任务 1　社群资料包的策划与搜集 ·········· 087
　　一、策划资料包的知识框架 ·········· 087
　　二、资料包的搜集 ·········· 088
　　三、资料包的更新 ·········· 089
任务 2　社群日报的策划与运营 ·········· 090
　　一、日报的分类 ·········· 090
　　二、日报内容的筛选 ·········· 092
　　三、日报的整理 ·········· 095
任务 3　社群分享活动的策划与运营 ·········· 096
　　一、寻找合适的社群分享人员 ·········· 097
　　二、策划分享活动的环节 ·········· 097
　　三、组织一场有效的分享活动 ·········· 099
任务 4　社群打卡项目的策划与运营 ·········· 103
　　一、社群打卡的策划要点 ·········· 103
　　二、社群打卡的运营要点 ·········· 106

目　录

任务 5　社群的红包奖励策略 ·· 107
　　一、设置发红包的规则 ·· 107
　　二、发红包的理由 ·· 108
　　三、发红包的方式 ·· 109
　　四、设置合适的红包金额和数量 ··· 110
　　五、在正确的时间发红包 ·· 110

任务 6　处理群内纠纷技巧 ·· 111
　　一、社群成员之间发生纠纷时的处理策略 ··························· 111
　　二、处理恶意群员的技巧 ·· 112
　　三、运营失误的处理技巧 ·· 113

任务 7　群聊精华的整理与保存 ··· 113
　　一、群聊信息的整理原则 ·· 113
　　二、精华内容的编辑 ·· 115
　　三、精华内容的集中保存 ·· 116
　　能力训练 ·· 117

项目五　组织线下活动 ··· 119

任务 1　策划线下活动的工作内容和方法 ···································· 120
　　一、线下社群活动的策划 ·· 120
　　二、线下社群活动的形式 ·· 121
　　三、线下活动策划书的撰写 ·· 123

任务 2　线下活动的筹备流程 ·· 124
　　一、编制活动流程表 ·· 124
　　二、邀请活动嘉宾 ·· 126
　　三、寻找赞助商 ··· 127
　　四、寻找场地 ·· 129
　　五、准备物料 ·· 130
　　六、活动备选方案 ·· 132
　　七、活动应急预案 ·· 133

任务 3　组织线下活动的宣传期 ··· 133
　　一、制订宣传计划 ·· 133
　　二、制作宣传内容 ·· 135
　　三、投放与监测效果 ·· 140
　　四、咨询接待与报名统计 ·· 140

任务 4　组织线下活动的执行期 ··· 141
　　一、明确活动的工作流程 ·· 141
　　二、做好嘉宾的接待工作 ·· 142

任务 5　组织线下活动的复盘与展示 …… 143
　　一、线下活动的复盘 …… 143
　　二、线下活动的展示 …… 146
　　能力训练 …… 157

项目六　组建优质运营团队 …… 158

任务 1　建立社群运营团队 …… 158
　　一、搭建合适的社群组织架构 …… 159
　　二、招募合适的人才 …… 161
　　三、如何发现人才 …… 162

任务 2　完善社群运营团队的沟通机制 …… 165
　　一、制定社群介绍手册 …… 165
　　二、定期通过在线会议沟通 …… 167
　　三、建立社群云共享日程表 …… 168
　　四、及时归档社群资料 …… 169

任务 3　留住社群运营人才 …… 169
　　一、社群运营人才流失的原因 …… 169
　　二、留住社群运营人才的方法 …… 170

任务 4　设置合理的社群运营 KPI …… 171
　　一、KPI 的定义 …… 172
　　二、制定合理的 KPI …… 172
　　三、社群运营 KPI 的设置 …… 174

任务 5　建设社群运营人才储备机制 …… 175
　　一、挖掘有运营潜力的社群成员 …… 175
　　二、培养社群运营新人 …… 176
　　能力训练 …… 178

项目七　扩大社群规模 …… 180

任务 1　评估社群扩张的时机 …… 180
　　一、审慎推进，时机至上 …… 181
　　二、资源准备，人才为本 …… 181
　　三、传承创新，扩张之基 …… 182

任务 2　了解社群扩张策略 …… 183
　　一、基于时间的多期社群链 …… 183
　　二、基于人群的主题社群链 …… 185

任务 3　了解品牌社群价值 …… 185
　　一、品牌社群的定义 …… 186

二、品牌社群的特征 …………………………………………………… 186
　　三、品牌社群提升忠诚度 ……………………………………………… 187
　能力训练 ……………………………………………………………………… 188

项目八　社群的商业变现 ……………………………………………………… 189

　任务1　了解常见的社群变现方式 …………………………………………… 189
　　一、会员费制度 ………………………………………………………… 190
　　二、产品变现 …………………………………………………………… 191
　　三、电商变现 …………………………………………………………… 192
　　四、广告变现 …………………………………………………………… 192
　　五、合作变现 …………………………………………………………… 193
　　六、知识变现 …………………………………………………………… 193
　任务2　服务变现的策略和技巧 ……………………………………………… 194
　　一、免费社群升级为付费社群的运营策略 …………………………… 194
　　二、设计付费社群的价格 ……………………………………………… 196
　　三、了解付费社群的收费技巧 ………………………………………… 196
　任务3　知识类产品的社群如何变现 ………………………………………… 198
　　一、知识付费的逻辑 …………………………………………………… 198
　　二、知识付费的类型 …………………………………………………… 200
　　三、知识付费的变现方式 ……………………………………………… 201
　　四、粉丝经济带动社群变现 …………………………………………… 202
　能力训练 ……………………………………………………………………… 203

参考文献 …………………………………………………………………………… 205

项目一　走进社群营销

学习目标

知识目标

1. 了解社群营销的基本理论知识；
2. 认识社群营销；
3. 熟悉社群营销团队的相关知识。

技能目标

1. 掌握社群营销方式，学会利用这些方式开展新媒体营销；
2. 能够在不同的平台上开展社群营销；
3. 能够胜任社群营销岗位，以及选择适合自己的社群营销团队。

素养目标

1. 强化安全意识、底线意识和法律意识；
2. 树立新媒体营销意识，提升社群营销岗位适应能力；
3. 培养运用所学知识分析社群营销案例和解决问题的能力。

说到社群，人们首先想到的可能是微信群或 QQ 群。虽然社群营销与运营离不开微信和 QQ 这两个平台，但是，社群并不等同于微信群或 QQ 群，社群营销也并非只是借助微信群或 QQ 群进行商品的销售。随着大数据、云计算等技术的发展以及线上与线下的融合，社群团购也成为企业新零售的主要发展形式之一，而社群营销也成为企业发展的重要手段之一。

知识窗

移动互联网环境下，营销法则在原有的"4C"理论下又有了新的延伸，如听歌不再只是一项一个人的私密活动，而变成了可以交流可以互动的社群行为。针对不同的社群采取更为精准的营销计划，可以更好地提升用户黏度。网易云音乐作为一款新兴的移动音乐应用，在市场已呈现一片红海之时杀出重围，是互联网时代焕发无限生机和可能性的最好证明。细究网易云音乐的各种功能，会发现"社群"的存在是其获得成功的一大亮点。在移动音乐市场已经饱和的情况下，网易云音乐如何构建社群、引

导社群、保持社群的活跃度,并以此在市场中占有一席之地,值得我们深入研究。

任务 1　认识社群

后疫情时代,社群营销、社群经济一度成为企业的风口,利用社群销售商品的团队也越来越多。一时热闹的社群很多,然而真正坚持到两年以上还能实现良性盈利的社群似乎并不多。究其原因,是很多人只是在"跟风"做社群,对社群没有清晰的认识。知其然,更要知其所以然,了解社群的含义和起源,有助于社群运营人员理解社群运营的底层逻辑。

一、什么是社群

要深入探索社群的内涵,首先需从"社群"二字的字面意义入手。甲骨卜辞如图 1-1 所示,"土"字被用来表示"社",战国时期,在"土"字旁添加了"示"字形成了现今的"社"字。这个字最初的含义是土地神,也指代祭祀土地神的仪式。随着时间的推移,"社"的意义逐渐扩展,不仅指代祭祀土地神的日子或地点,还进一步引申为某种行政单位的概念,如周朝时期"以二十五家为一社"的划分方式。而到了现代,"社"更被用来指代那些从事共同活动的集体组织,即我们如今所说的"社群"中的"社"字所蕴含的意义。"群"字,则主要用来描述聚集在一起的人或物。在《诗经》中,我们可以看到"群"字用来形容羊的数量众多,如"谁谓尔无羊?三百维群";而在《周易》中,"群"字则更广泛地指代同一类的事物,如"物以群分"。因此,在"社群"这个词中,"群"字的含义就是聚集在一起的人。将"社"和"群"两个字结合起来,从字面上看,"社群"就是"人们聚在一起,形成一个从事共同活动的集体组织",这既揭示了社群的本质特征,也为理解社群的多样性和复杂性提供了基础。

思考: 微信群或 QQ 群就是社群吗?

从社群的定义审视,单纯地将人们聚集在一起,简单地创建一个微信群或 QQ 群,并不足以构成一个真正的社群。社群的本质在于其成员能够"共同参与活动",并且这一群体需要形成一个紧密的"集体组织"。因此,社群构建的基石在于一个聚合的"点"——这个"点"可以是共同的需求或兴趣,能够吸引那些在其他方面可能毫无关联的个体,将这些个体汇聚在微信群、QQ 群或其他平台上。

正因为有了这个聚合的"点"作为基石,这个由人组成的群体便展现出三个鲜明的特征:首先,它拥有稳定的群体结构以及相对一致的群体意识;其次,群体成员遵循统一的行为规范,保持着持续的互动关系;最后,成员们能够彼此分工协作,为了共同的目标采取协调一致的行动。

图1-1 甲骨卜辞

然而，这个聚合的"点"并非一成不变，所以，尽管个人与个人、个人与群体以及不同群体之间的关系在一定时间内保持稳定，但这种稳定并非永恒。当这个聚合的"点"发生变动时，社群便可能面临崩溃和解体的风险。社群的维护与发展需要不断地审视和调整这个聚合的"点"，确保其能够持续吸引并凝聚成员，共同迈向更高的目标。

💡 想一想

以下哪些是社群？
- ☐ 某专业新生群
- ☐ 志愿者群
- ☐ 乒乓球协会
- ☐ 晨跑群
- ☐ 在线游戏
- ☐ 周年晚会筹备群
- ☐ 动漫社团
- ☐ 英语角

二、社群的溯源

尽管社群在当下社会中备受瞩目，实际上其历史源远流长，并非现代社会的产物。自古以来，由于聚合的"点"各不相同，社群形成了多种模式，如血缘社群、业缘社群、志缘社群等。为了更深入地理解现代社群的多样性，下面将介绍三类存在时间较长的社群，以探寻其背后的独特魅力。

首先，血缘社群是基于家族和血缘关系而形成的社群。在古代社会，家族是维系社会稳定和发展的重要力量。血缘社群以家族为核心，通过血缘关系的纽带，将家族

成员紧密地联系在一起。这种社群形式注重家族的荣誉、传承和团结，成员之间往往有着深厚的情感纽带和共同的价值观念。在现代社会，虽然血缘社群的形式有所变化，但其核心价值和精神依然得以传承。

其次，业缘社群是基于共同的职业或行业而形成的社群。在古代，各行各业的人们为了共同的发展利益，形成了各种行会、商会等组织。这些组织不仅为成员提供了交流合作的平台，还促进了行业的繁荣和进步。业缘社群注重专业技能、行业规范和合作共赢，成员之间通过共同的努力和协作，推动行业的不断发展和创新。

最后，志缘社群则是基于共同的兴趣、信仰或理念而形成的社群。这类社群在现代社会中尤为活跃，吸引了大量志同道合的人们。志缘社群强调成员之间的精神共鸣和理念认同，通过共同的活动和交流，加深彼此的了解和友谊。这种社群形式不仅能够满足人们的精神需求，还能够推动社会文化的多样性和创新。

血缘社群、业缘社群和志缘社群是三类存在时间较长的社群形式，它们各具特色，分别在不同的历史时期和社会背景下发挥着重要的作用。通过了解这些社群的特点和价值，我们可以更好地理解现代社群的多样性，从而更好地融入和利用这些社群资源，促进个人的成长和社会的发展。

任务 2　了解互联网时代的社群发展历程

互联网时代社群形成的根源与古代社群在某些方面是相似的，都是人们同样由于血缘关系、行业联系或志趣相投等原因而聚集在一起。然而，互联网赋予了现代社群独特的内涵和形态，使其与过去的社群产生了显著的区别。互联网的开放性和平等性打破了地理位置的限制，使人们能够跨越地域，与世界各地的人们建立联系。这种无边界的连接方式极大地扩展了社群的规模和范围，使得社群成员更加丰富和多元化。

一、互联网在线社交迭代

从交流内容的演变来看，互联网时代的在线社交经历了两个显著阶段，两个阶段都反映了不同的社群价值。

在第一阶段，以信息交流为主的虚拟社区应运而生。这些社区为用户提供了一个汇聚和分享信息的平台，人们可以在这里发布自己的观点、经验、知识等，也可以通过浏览和搜索来获取所需的信息。这些虚拟社区促进了知识的传播和积累，为人们的学习和工作带来了极大的便利。在这一阶段，社群的价值主要体现在信息的汇聚和共享上，通过信息的交流，人们可以拓宽视野，增进了解，形成共同的认识和价值观。

随着互联网的进一步发展，以人际关系维护为主的第二阶段悄然到来，其中以 QQ 的兴起为代表。初代 QQ 的注册界面如图 1-2 所示。QQ 等社交平台不仅提供了基本的聊天功能，还融入了更多的人际互动元素，如好友动态、空间分享、群组讨论等。这些功能使人们可以在网络上建立更加紧密的人际关系，通过日常的互动和沟通来维护和加深彼此的感情。在这一阶段，社群的价值更多地体现在人际关系的建立和维护上，通过线上的互动，人们可以增进对彼此的了解和信任，形成更加紧密和稳定的社交网络。

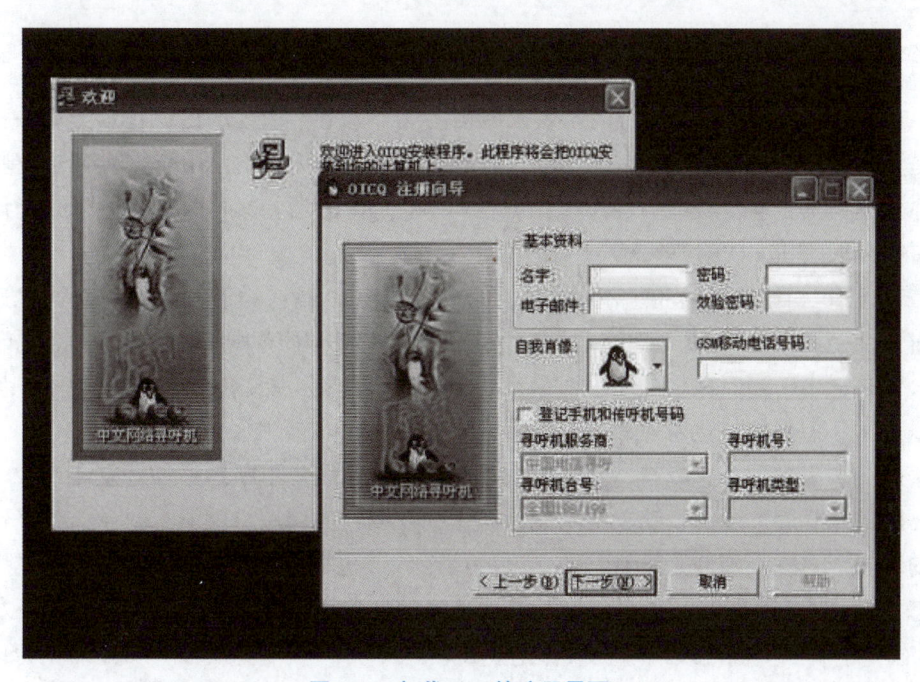

图 1-2 初代 QQ 的注册界面

这两个阶段虽然有关联，却差异巨大。虚拟社区注重信息的交流和共享，而 QQ 等社交平台则更侧重于人际关系的建立和维护。然而，无论是哪个阶段，都反映了社群的真正价值——即促进人与人之间的连接和交流。无论是信息的传递还是情感的沟通，都是社群存在的意义所在。

二、移动互联网时代的在线社交

得益于移动互联网的发展，许多行业得到了一次产业升级的机会。嗅觉敏锐的腾讯在移动端先后布局了手机 QQ 和微信，这也是如今社群运营的两大主要平台。

（一）手机 QQ

最早版本的手机 QQ 出现在 2003 年。当时，虽然手机大多是功能机，流行的还是诺基亚的塞班系统，但很多手机都已经内置了手机 QQ。那时的手机 QQ 功能较为单一，只能基本满足用户在线聊天的需求，这也是手机 QQ 作为一个通信工具最基本的功能。

尽管网络环境和硬件产品限制了手机 QQ 功能的延伸，但在随后的几年里，手机 QQ 还是越来越个性化，实现了 QQ 这款聊天软件所具备的很多功能：视频聊天、群聊、浏览新闻资讯、收发邮件等。触屏手机出现后，手机 QQ 在视觉设计和功能设计上更进了一步。到 2013 年，手机 QQ 在功能上与 PC 端 QQ 产生了差异，此时的手机

QQ 已经不再只是一个社交聊天工具，还是一个地理位置坐标、一种支付工具、一种展现个性的信息相框，是一种个性化阅读工具，甚至具备了能代替电话的通信功能。手机 QQ "24 小时在线"的特性，让虚拟世界与现实世界之间的界线日益模糊。

（二）微信

就在手机 QQ 越来越流行的时候，微信上线了。关于微信的出现背景，有一种说法是，尽管手机 QQ 很受学生的欢迎，但职场人士还是更喜欢使用简约的 MSN，腾讯想抓住这些真正有消费能力的用户，但精简手机 QQ 的功能又不太现实，于是腾讯开发了简约版手机 QQ 的替代品——微信。

2011 年，刚刚出现的微信并没有什么特别之处，但它凭借较快的产品迭代速度赢得了众多用户的喜爱。微信迎来第一波用户量增长是因为其 2.0 版本增加了语音功能。但是，由于当时微信的竞争对手米聊也有这个功能，所以，此时微信的用户量虽然增长了，但微信依然不算流行，大多数年轻人还是习惯用手机 QQ。

从 2.1 版本到 3.5 版本，微信只做了一件事：让用户不断地添加好友。2012 年 4 月，微信 4.0 版本增加了朋友圈功能。有了朋友圈，微信用户就能看到自己的好友发布的动态，这样，即使是没有共同话题的两个人，也可以成为"点赞之交"，或者就动态找到彼此能聊得来的话题。不仅如此，有了朋友圈，微信用户还能在好友的"动态"下看到共同好友的点赞或评论。2012 年 8 月，微信公众号上线并细化为订阅号和服务号，这一功能使得微信可以帮有影响力的人吸引用户，帮有需求的商家沉淀用户。2016 年 4 月，微信推出企业微信，为企业提供最基础和最实用的办公服务，并加入贴合办公场景的特色功能、轻 OA 工具，以合理化区分工作与生活，提升工作效率，如图 1-3 和 1-4 所示。

图 1-3　企业微信朋友圈　　　　图 1-4　企业微信小程序

随着微信聊天（单聊和群聊）、微信公众号、微信朋友圈以及企业微信的相继推出和完善，微信已经形成了一个完整且高效的信息传播闭环。这一闭环不仅使信息的传递更加迅速和精准，还极大地丰富了人们的社交方式和商业合作模式。

素养园地

在新媒体时代，微信和QQ散播信息的功能非常强大，信息传播速度快、传播范围广且互动性强，这也加大了催生舆情的风险，社群运营人员一定要强化安全意识、底线意识和法律意识，不做损害他人权益的违法行为。

（三）私域流量被重视，社群风潮再起

随着互联网的不断发展，社群作为一种特殊的组织形式，也经历了多次的兴衰变革。在第一波"社群潮"过后，随着"私域流量"这一理念的兴起，第二波"社群潮"应运而生。

私域流量的提出，实际上是对流量获取方式的一种重新思考。在流量池中，商家可以通过付费或内容营销的方式获取用户，但这些用户始终是平台的公域流量，商家对其的控制力有限。而私域流量则是指商家通过自身努力，将公域流量的用户转化为可以直接触达和管理的用户，如导入微博、微信公众号、微信群等。

私域流量的运营理念，强调了用户关系的深度经营和长期价值。通过构建社群，商家可以将用户集中起来，进行深度互动和沟通。这种集中的管理方式，使商家能够更准确地了解用户需求，提供更具个性化的产品和服务。同时，通过持续的社群运营，商家还可以增强用户的黏性和忠诚度，降低用户流失率，从而实现长期的商业价值。

此外，私域流量的运营也符合当前移动互联网的发展趋势。随着用户增长红利的逐渐消失，各个平台都在加强自身的生态闭环，商家在不同平台上获取用户的成本越来越高。因此，将用户导入自己的私域流量池，通过社群等方式进行集中管理，成为商家降低运营成本、提高转化效率的重要手段。

通过构建和运营社群，商家能够更有效地管理用户关系，挖掘用户价值，实现长期的商业目标。这一模式也反映了互联网营销方式的不断创新和发展。

想一想

1. 你认为"社区"和"社群"是一个概念吗？
2. 以下情形，哪一种是社区，哪一种是社群？
   - 在北京一起租房的几个年轻人
   - 周末一起去听线下演唱会的人
   - 周末口语微信交流群

任务3　熟悉社群的生命周期管理

要运营社群，首先要了解社群具有其独特的生命周期。只有深刻认识社群的生命周期性，运营人员才能在面对各种变化和挑战时保持冷静，灵活调整策略，确保社群的健康发展。

一、认识社群的生命周期

我们可以把社群看作一种服务型产品。产品是有生命周期的，社群当然也不例外。社群的生命周期是用来描述社群产生、发展和最终衰落的过程的。这一周期中的各个阶段并不是彼此独立的，而是连续的。通常情况下，社群的生命周期分为5个阶段：萌芽期、成长期、稳定期、衰亡期、沉寂期，如图1-5所示。

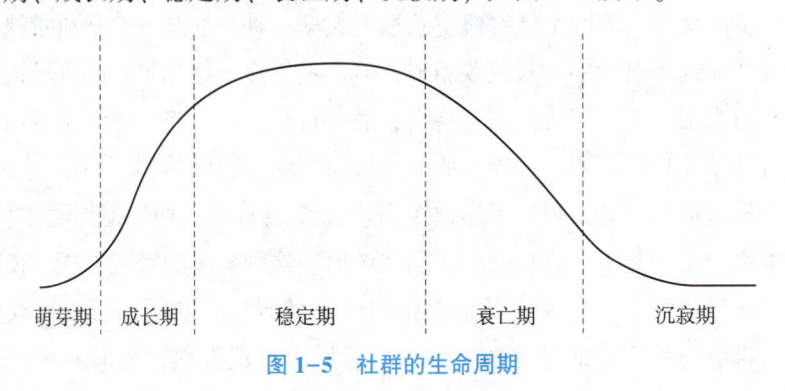

图1-5　社群的生命周期

（一）萌芽期

在社群萌芽的初期，发起人怀揣着搭建社群的愿景，深思熟虑地规划着社群的定位、主题与发展蓝图。发起人往往会联合几位志同道合的伙伴，以社群核心成员的身份，共同投身于社群的创立工作。这些核心成员不仅积极集合各自的朋友圈资源，还通过发布招募信息，广泛召集具有相同兴趣或目标的人群，共同组成社群的首批种子成员；拥有新媒体账号的核心成员，还会在新媒体平台上积极宣传，通过其影响力吸引大批对社群主题感兴趣的新成员加入。在这个阶段，社群的核心成员发挥了举足轻重的作用，他们凭借个人的魅力和能力，成功地搭建起社群的初步框架。社群所吸引的成员之间，往往会建立起强烈的连接，彼此间的信任感也随之增强，为社群的稳健发展奠定了坚实的基础。

（二）成长期

在社群蓬勃发展的成长期，招募新成员成为主要任务。社群运营人员需要精心策划和举办各种富有吸引力的活动，以吸引更多人的关注和参与，从而为社群注入新的活力并提升知名度。这一时期，社群规模迅速扩张，每天都有大量新成员涌入，无论是早期成员还是新加入的伙伴，都对社群充满了好奇和热情，社群氛围异常活跃。这一时期，社群中常常出现"刷爆"的现象，大家频繁地交流信息、分享心得，使社群始终处于热闹和繁忙的状态。同时，各类线下活动也开展得如火如荼，进一步加深了社群成员之间的联系和感情。

（三）稳定期

稳定期是社群发展的一个成熟阶段。此时，社群在规模、运营模式等各个方面都呈现相对稳定的状态，新成员的增速逐渐放缓，社群规模趋于稳定。在这一时期，社群会定期举办线上讨论、线下沙龙等多种形式的交流分享活动，吸引众多行业"大咖"的参与，为社群成员提供高质量的互动和学习机会。由于社群成员对活动形式已经相当熟悉，他们的参与度也呈现出较为稳定的态势。新加入的社群成员虽然数量减少，但他们能够迅速融入社群文化，熟悉社群规则，并积极参与各类活动，为社群的持续发展注入新的活力。

（四）衰亡期

在衰亡期，社群成员对社群活动的热情明显减退，即使是曾经热闹的线下活动，参与者的数量也在逐渐减少。社群运营人员也逐渐失去了组织活动的动力，对社群的运营变得不再那么用心，这种消极的态度进一步导致了活动的减少和社群成员参与度的降低，形成了一个恶性循环。社群运营人员和成员都默契地减少了在群内的发言，偶尔的几句言论也往往得不到什么回应，因为许多人已经选择将社群屏蔽。此时的社群，已失去了往日的活力和凝聚力，正逐渐走向沉寂。

（五）沉寂期

在沉寂期，社群运营人员几乎已对社群失去了关注，长时间在社群中保持沉默，社群成员也几乎将这个社群遗忘在了角落，偶尔有人在清理社交账号时，会看到这个沉寂的社群，然后默默地选择退出。

线下社群由于血缘关系、行业联系或地理位置等因素的维系，往往能够拥有较长的生命周期。然而，大部分互联网社群的生命旅程却相对短暂，从萌芽期到沉寂期，长的可能经历六个月，短的甚至仅有一周的时间。即使是有长期的商业目的和专人管理的社群，在运营体系相对完善的情况下，其生命周期也大多难以超过两年。这主要是因为社群给成员带来的新鲜感和红利通常在两年内就会逐渐消失。同时，从商业角度来看，经过两年的运营，社群的商业价值也已被挖掘得差不多，继续维护的成本往往会高于预期回报。因此，当社群进入衰亡期或沉寂期时，社群运营人员通常会倾向于让其自然结束，或者尝试将其升级为新的社群运营模式。

那么，社群运营人员该如何判断一个社群处于什么阶段呢？其实，社群生命周期

的各个阶段都有其特定的话语特征，如表1-1所示。

表1-1 社群生命周期各个阶段的话语特征

阶段	话语特征
萌芽期	不如成立一个群吧
成长期	我们新成立了一个群，专门聊……"人多有料"，快来
稳定期	这个群干货真多
衰亡期	冒个泡，好久没有说话了
沉寂期	群主，我最近事多，就先退群了，有事情直接私聊我

根据社群生命周期各阶段的话语特征，社群运营人员基本可以判断出一个社群所处的阶段。

二、延长社群的生命周期

尽管所有的社群都会走向衰亡和沉寂，但是，如果前期运营得当，社群运营人员也可以尽可能地延长社群的生命周期。下面介绍6种延长社群生命周期的方法。

（一）严密监测社群成员活跃度，及时捕捉潜在沉寂迹象

社群的沉寂并非一蹴而就的群体现象，而是由于个体成员逐渐转为"潜水"状态累积而成。社群之所以逐步走向沉寂，往往是因为社群运营人员在沉寂苗头初现时未能及时察觉。运营人员虽然能够直观感受到社群的热闹程度，但往往忽视了深入查看哪些成员长时间未参与交流，更未留意这些成员已经多久没有发声。"潜水"人数达到警戒线时才开始采取挽救措施，往往已错失良机。

因此，社群运营人员应当定时监控社群活动的参与人数，包括聊天人数和打卡人数，形成一套完善的活跃度监测机制。一旦发现某个成员连续多日保持"潜水"状态，运营人员应立即给予特别关注，主动发起私聊或在群内主动"@"该成员，通过积极互动激发其重新参与社群活动的热情。这样不仅能够及时挽救可能流失的成员，还能有效预防社群整体走向沉寂。

（二）构建社群成员间的多维度价值链接体系

社群作为一个微型生态系统，其生命力源于成员之间的深度互动与价值链接。要让社群成员长期保持活跃，关键在于构建一个能够让成员们产生精神与物质双重价值链接的平台。这需要社群运营者不断创新链接形式，既要保留那些经受时间考验、具有深刻意义的形式，又要不断开发新颖、有趣的形式，持续激发社群成员的参与热情。

通过这种多维度的价值链接，社群成员能够真切感受到社群带来的益处，从而由衷地喜爱并主动回馈社群，如图1-6所示。这种正向循环使得社群成员更加愿意为

社群贡献自己的力量，而社群也因为成员的积极参与和能量汇聚，更好地帮助成员实现个人成长。在这种良性互动下，每个社群成员都希望社群能够持续活跃，也就自然延长了社群的生命周期。

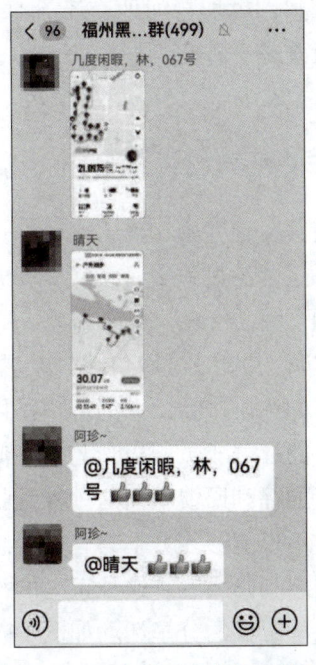

图1-6　运动社群跑友相互鼓励

（三）巧妙引入竞争机制，激活社群活力

竞争作为一种强大的激励机制，在社群运营中同样发挥着不可或缺的作用。当环境过于安逸时，社群成员的学习动力和外部交流往往容易陷入停滞。为避免这种懈怠现象的出现，社群运营人员需要巧妙地设定一系列具有挑战性的目标，激发社群成员参与竞争的意愿，打破社群内部的平衡状态。

正是这种不平衡，为社群的生存与发展注入了源源不断的活力。因此，在社群稳定期，运营人员不仅要扮演好社群的控制者角色，更应成为平衡的破坏者。通过打破这种既有平衡，跨越既定边界，实现从封闭到开放的转变，让社群在适度的失控中焕发新的生机。这种适度的失控，正是激发社群活力、推动其持续发展的关键所在。

（四）搭建线上线下桥梁，深化社群成员间的联系

优秀的社群运营者致力于构建线上与线下相结合的交流模式，使社群成员的关系从虚拟世界延伸到现实生活。这一举措为保持社群活力、延长社群生命周期带来了诸多益处。

首先，鼓励社群成员线下聚会交流，有助于培养成员间深厚的情感认同，进而增强社群的凝聚力与生命力。当社群成员主动分享线下活动的照片时，他们的归属感会得到进一步强化，形成积极正向的循环。

其次，线上互动与线下联系的有机结合，为社群成员带来了一种真切的交往体验。这种现实世界的联系所带来的认同感，远胜于虚拟世界中的点赞与互动。

最后，线上建立的熟悉感为线下交往提供了良好的基础，这种熟悉感能使原本交往不多的人在见面时减轻拘谨感，更加自如地交流。对于那些不善交际的成员而言，社群所营造的线上交流氛围无疑是一种宝贵的体验，能让他们逐步克服障碍，更积极地参与到社群活动中。

（五）培育分享与合作的社群文化基石

一个社群的生命力往往与其文化紧密相连，而分享、合作与奉献正是构成这种文化的核心要素。因此，在社群运营的过程中，运营人员应当致力于营造协作、慷慨、互助、互利、共赢的社群氛围。

以在线学习社群为例，运营人员可以设定一个特定的时间，在该时间鼓励并允许社群成员分享他们信任并认可的优质产品，并为群友提供专享的优惠价格。这样的活动不仅能吸引作为产品供应者的社群成员积极参与，降低了他们的推荐渠道成本，同时也让社群成员享受到了独特的福利回馈，而这种福利是他们难以通过其他渠道获得的。通过这种方式，社群成员不仅能够在分享与合作中感受到社群的温暖与价值，还能够进一步增强对社群的认同感和归属感。这种正向的社群文化循环，将有力地推动社群的持续发展与繁荣。在线学习群的分享活动如图1-7所示。

图1-7 在线学习群的分享活动

（六）设立新目标，挖掘新价值

社群的生命周期与其目标设定紧密相关。对于那些仅设定了短期目标的社群而言，一旦目标达成，社群似乎就失去了其存在的意义，逐渐走向沉寂。对于这类社群，如果在短期目标即将完成之际，能够适时地将目标扩展为长期目标，社群便有可能焕发新的活力，开启新一轮的成长周期，从而创造新的价值。

以考研群为例，在考研期间，社群成员们为了共同的目标而团结一心，展现出强大的凝聚力。但随着考研结束，成员们开始各奔前程，社群的维系变得日益困难。此时，原本活跃的社群成员可能会逐渐陷入沉默，社群也随之变得冷清。为了避免这种局面，社群运营人员可以在考研结束时采取主动措施，将"考研群"转型为"积极成长交流群"。通过这种方式，鼓励社群成员不仅在考研期间进行交流分享，而且要在未来的学习和成长道路上持续交流和分享。这样一来，社群成员们将围绕新的话题展开讨论，原本的考研群也得以延续其生命力，实现"重生"。

三、社群规模悖论

社群固然拥有其生命周期，但每个社群的生命轨迹并非千篇一律。实际上，每个社群都独具特色，其成长轨迹各异：有的社群如雨后春笋般迅速崛起，有的则缓缓积蓄力量，稳步前行；有的社群能实现跨越式的飞跃，而有的社群可能长时间陷入停滞，难以突破。更为神奇的是，一些社群在经历了困境与重生后，能够焕发新的生机，而另一些社群则可能因种种原因提前走向终结。社群的生命旅程充满了无限的可能与变数，这也正是社群文化的魅力所在。

在社群运营过程中我们发现，"小而美"的社群往往有更长的生命周期，社群一旦走向更大的规模，反而容易走向衰亡。这是因为，从个人的角度看，在大社群里，个人的存在感更低，个人所能感受到的社群价值也更低。一个社群会有怎样的成长特点，主要取决于社群成员感受到的价值。

社群之所以能够焕发出勃勃生机，其根本原因在于它能够为社群成员创造出实实在在的价值。在大多数社群中，成员的加入、积极参与以及最终的选择离开，都是基于他们自身的意愿与判断。正因如此，当一个社群能够为成员带来真正的价值时，他们的参与热情便会高涨，投入也会更加积极。反之，如果社群无法提供足够的价值，成员的参与热情便会逐渐减弱，甚至选择"潜水"或退出社群。一旦成员的热情消退，社群便会迅速失去活力，最终走向沉寂。由此可见，价值是社群生命力的源泉，是维系社群成员关系、推动社群持续发展的关键因素。

知识窗

社群成员是如何判断社群有没有价值的呢？其实，决定社群价值的并不是社群或社群运营人员为社群成员提供了什么，而是社群成员在社群中感知到了什么。人们自愿加入一个社群，往往是因为他觉得这个社群能带给他一些价值，这些价值就是社群成员感知价值。

要衡量社群成员感知价值，可以使用下面这个简单的计算公式：

$$社群成员感知价值 = 感知效用 / 感知成本$$

这个计算公式表达的意思是：在感知成本较为稳定（或固定）的条件下，社群成员感知价值与感知效用成正比；在感知效用较为稳定（或固定）的情况下，社群成员感知价值与感知成本成反比。

其中，感知效用是社群成员对"这个社群有什么用？"这个问题的一个主观回答，是社群成员根据自己的需要和偏好，对在社群（如果把社群看成一个服务型产品）中所能获得的利益总和的量化；而感知成本则是社群成员对加入社群后所支出的全部成本的量化，具体表现为付出的货币成本、精力、时间及心理成本等。

一个社群成员对社群的感知效用也并不完全取决于社群为其提供了哪些绝对价值，还取决于这些价值对他来说有多大用处。甚至有时候，这些价值实际上并没有多大的用处，但因为得到了社群运营人员和其他社群成员的热心帮助，他对社群的感知效用增加，对社群的感知价值也会提高。

这就为社群的发展带来了一个悖论——社群规模悖论，即社群的规模往往和社群的凝聚力成反比。如果社群规模很大，社群运营人员分配给每一个社群成员的关注时间就是有限的。单个社群成员可能会感觉自己在社群中不受社群运营人员的关注了，也就慢慢失去了对社群的认可，这会导致社群的凝聚力减弱。但是，从商业角度看，几乎每一位社群运营人员都希望社群的规模越来越大，社群数量越来越多。社群规模无限扩大，同时社群成员对社群的黏性越来越强，社群的凝聚力越来越强，这显然是不容易实现的目标。

四、基于社群价值输出模式

为了应对社群规模悖论，社群运营人员需要在社群的不同成长阶段策划不同的价值输出方式，以维持社群成员对社群的感知价值，从而延长社群的生命周期。

（一）社群萌芽期和成长期的中心化价值输出

萌芽期和成长期是社群的早期发展阶段。这个阶段基本属于价值输出的中心化阶段。在这一阶段，社群的价值输出载体主要是社群的关键意见领袖（Key Opinion Leader，KOL），社群的 KOL 可能在社群成立之前就拥有一定的影响力，在社群成立不久后即可利用"名人效应"向社群输出个人价值、资源或智慧。此时的价值输出模式就是所谓的"分享"模式。

早期，没有 KOL 的社群价值输出的主要载体可能是社群运营人员，社群运营人员通过关注社群成员当前遇到的问题和存在的需求，来确定要输出的内容。

不管负责价值输出的是 KOL 还是社群运营人员，这一阶段的价值输出模式都是中心化的。即使是产品型社群，早期也多采用中心化的价值输出模式——要么以创始人为中心，要么以产品或品牌为中心，社群成员在这个阶段只是价值的接收者。这意味着，对社群成员来说，其判断社群是否有用的关键在于 KOL 或社群运营人员输出的内容是否是自己认可和需要的。

KOL 是移动互联网重点关注的人群，不同的 KOL 有着独特的人格属性和内容特质，通过对其受众画像的洞察，品牌营销能够挖掘更精准的商业机会。

（二）社群成长期和稳定期的众智化价值输出

在成长期后期，随着社群规模的快速扩大，早期作为价值输出载体的社群运营人员或 KOL 输出的内容会越来越难让每一个社群成员满意。如图 1-8 所示，如果继续以中心化的价值输出模式进行价值输出，社群成员会很容易感到乏味。为此，有的社群会不断引进新的 KOL，但这种方式并不适合希望得到长期发展的社群。有的社群会策划一些讨论会或活动来激发社群成员的智慧，让他们在一定范围内自由地进行价值输出，形成众智化价值输出模式，也就是在社群稳定期，社群成员参与度很高的"群聊"模式。这样，社群成员就会真正体会到社群"深度链接"的优势，从而更加认可社群，更加愿意为社群的发展贡献力量。

图 1-8　以微信为工具服务客户

（三）社群稳定期后期的价值共创与利益共享

稳定期的众智化价值输出很可能会把社群关注的焦点转移至不同的方向。例如，一个产品型社群可能会因为社群成员自由、频繁地交流而衍生出很多关于兴趣、生活、知识的内容。慢慢地，原本的社群就会衍生出大量的去中心化的新主题社群，或者很多更小的社群单元。而这些新的社群组织就可以形成一个基于母社群的大价值观体系的社群生态。因此，有的社群在衰亡期到来时，会通过这种裂变方式获得新生。

由于裂变后的社群生态采用的是由母社群统一输出的运营模式，且裂变产生的社群一般由母社群的成员独立负责，所以不管衍生出多少个新社群，它们大都拥有共同

的价值观，这就建立了成员间合作共赢的信任基础，从而进入彼此合作的价值共创与利益共享阶段。

在社群成长中，成员们对社群价值的认同点是有差异的，特别是那些能量满满的社群成员，他们更期待社群能达到"价值共创与利益共享"的阶段。社群运营人员得明白，成功运营的关键不是想出多么新奇、全面的价值输出方法，而是要针对每个成员的特点，给他们提供不同的价值。这样，大家才会更愿意参与进来。运营人员要设计一些活动，让成员们在参与的过程中发现社群的价值，以及社群成长的意义，这样，他们才会主动推动社群的发展。如果社群能一直这样发展下去，那它的生命周期就会变得更长。

扫一扫

社群运营需要建立的"四感"

任务4　了解社群的商业价值

大多数社群运营人员致力于社群运营的最终目标，往往聚焦于实现社群的商业变现。然而，社群所能展现的商业价值，实则取决于其所能实现的功能的多样性与深度。在社群功能的层次结构中，社交功能位居核心，传播功能紧随其后，商业功能则位列其后。这是因为社交互动能够建立信任，而信任是传播与商业转化的基石。这种逻辑关系清晰地揭示了一个事实：缺乏社交互动的社群，其商业潜力将大打折扣。

举例来说，有些社群逐渐沦为了单纯的"链接交换站"，成员之间缺乏真正的沟通与讨论，这样的社群已然丧失了其核心的社交功能。即便这些社群设立的初衷是为了内容传播或商业变现，但由于社交互动的缺失，其传播效果和商业价值自然难以彰显。因此，在探讨社群的商业价值时，我们首先需要深入分析其社交特征与传播特征。

素养园地

若要从事社群营销的工作，就需要有专业的职业素养，遵守相应的行为规范。例如，树立爱岗、敬业、开放的职业价值观，主动学习、掌握职业知识技能，有意识地培养独立性、责任心，敢于面对和战胜挫折，遵守相关法律法规等。

一、社群的社交特征

社群的社交特征鲜明，主要体现在强聚合力、情感认同及多向交互关系三方面。

（一）强聚合力

移动互联网的普及使人们的自由聚合变得轻而易举，人们可以轻松找到志同道合的伙伴，建立基于兴趣图谱的社群。这种社群具有明确的定位和边界，成员们拥有共同的兴趣图谱和明确的社群认同感，从而形成了强大的聚合力，推动社群的传播和商业变现。

（二）情感认同

社群成员通过情感交流、信息分享等活动聚合在一起，寻求情感共鸣和价值认同。这种情感认同是社群持续发展的动力，能促使成员积极参与交流和互动，维持社群的活跃。活跃度高的社群更容易吸引新成员加入，进而扩大社群规模。

（三）多向交互关系

社群的交流方式是大家都可以参与的，不是只有一个人说其他人听，大家都发表自己的想法和创意，让社群变得更加有趣和有价值。这种多向的交流方式不仅让社群的话题更加丰富，还提升了社群的整体价值。

素养园地

心理学家詹姆士曾经说："人类本质中最殷切的生命要求是渴望被肯定。"生活中，人都有自尊和被承认的需要。我们称赞别人，恰好能使他人的这种需要得到满足。我们都有体会：一句赞美的语言，常常可以带来一天的好心情。赞美他人，要讲究赞美的分寸和方式，要真诚地赞美别人，要善于观察和发现别人的优点和长处，说出对方的可称赞之处，才能拉近彼此的距离。

二、社群的传播特征

社群的传播特征主要表现为裂变式传播和自组织传播。

（一）裂变式传播

一个人通常不会仅拥有一个社群，因为其在不同时间、地点和场合的社交需求各异，他可能加入多个社群，并自如地在社群之间切换。这种多社群参与导致了社群间

的交叉与关联，社群的消息能很容易传播，就像滚雪球一样越滚越大。有时候，一点点小事情，也能传得飞快，效果特别明显，这就是裂变式传播。

（二）自组织传播

自组织是社群成员之间自发组织和协作的过程，这是社群的一个重要特点。现在，移动互联网让我们可以更方便地聊天和联系，就算大家不在同一个地方，也可以一起合作做事情。这种自组织的传播方式，让社群变得更有商业价值。其实，社群的商业价值和粉丝的商业价值是不太一样的。粉丝的商业价值主要是因为他们喜欢某个明星或者产品，会帮忙宣传和购买产品，这主要是一种单方面的消费。而社群自组织传播的商业价值，是社群成员们一起合作生产、传播和消费，通过一起努力创造新的产品和商业模式，这种集体的力量和创意，能直接推动商业的发展。

三、社群的商业价值

社群的商业价值是基于社群的社交特征和传播特征来实现的。基于这些特征，社群可以被挖掘出广告价值、品牌营销价值、交易价值、新媒体营销价值等商业方面的价值。

（一）社群的广告价值

社群，作为一个汇聚了众多具有共同需求与兴趣的平台，可被视为一个能够精准投放广告的优质媒体。企业借助社群这一独特媒体，不仅能够迅速锁定目标消费者群体，将广告内容直接推送至他们的视线中，还能实时互动，深入了解他们的身份、兴趣、情绪、偏好、状态及真实位置等核心信息。

通过社群的位置连接功能，企业可以更加精准地实现本地的场景化营销。消费者一旦有需求，企业就能立刻满足他们，从而建立起一条非常及时、高效的营销渠道。而且，社群之间多是相互关联和交叉的，这也给企业带来了找到更多潜在消费者的新办法。企业只要和某个消费者建立了关系，就能影响他所在的社群，甚至可以通过他的社交网络，找到他所在的其他社群，这样企业就能更准确地找到更多的潜在消费者了。

（二）社群的品牌营销价值

借助社群，企业可以构建全新的营销模式——品牌社群营销。品牌社群营销有助于企业将营销理论中的关系营销、情感营销、体验营销和口碑营销充分融合，重塑品牌、社群、消费者之间的关系。这种营销模式有以下几个独特之处。

1. 与消费者实时互动

社群里面聚集了很多真实、活跃的消费者，他们有自己的个性、兴趣、消费体验和朋友圈。企业可以通过社群和消费者进行一对一或者一对多的实时聊天，让品牌成为消费者圈子里的好朋友。在社群互动中，企业可以逐步建立消费者对品牌的感情和认同，消费者就会更喜欢这个品牌，更愿意一直买它的产品，从而提升品牌的价值。

2. 激活消费者对品牌的情感认同

在社群里面，成员们可以像好朋友一样聊天、分享。对于那些还没买过某些产品的社群成员来说，他们更相信群里朋友的好评，而不是那些传统的广告。所以，企业可以策划一些有趣的活动，鼓励成员们积极参与，激发成员们的热情和创造力。通过各种活动，激活消费者对品牌的情感认同。同时，企业也要放下"管理者"的身份，多做一些"服务者"的工作，让成员感觉更自在，更愿意在社群里面"玩转"品牌。

3. 激活消费者的价值共创能力

有了社群，有了消费者的信任聚合、积极参与和情感投入，企业可以更快找到品牌成长的最短路径。这意味着，移动互联网时代的品牌营销不再是企业单方面主导的行为，而是企业和消费者在互动过程中的价值共创行为。

（三）社群的交易价值

社群的交易价值，顾名思义，就是借助社群售卖产品或服务。社群电商就是基于社群的交易价值搭建起来的。下面通过介绍4种社群电商模式来说明社群的交易价值。

1. 粉丝买单模式

拥有粉丝的名人可以在他的粉丝社群里直接售卖产品或服务，由粉丝买单。例如，"罗辑思维"就曾尝试过在粉丝社群里卖书、卖年货。这种模式是一种直接交易模式，其成功的关键在于引入或生产复购率高的优质产品，如果产品或服务的口碑不好，可能会影响社群的口碑。

2. 预售消费模式

当企业生产出或市场上出现某种适用于社群成员的产品后，一些产品社群或兴趣社群可以通过预售的方式来引导社群成员消费。在这些社群里，社群运营人员应当是产品所在领域的专业人士。

3. 商业联盟模式

在一些行业社群中，会聚合一些掌握着各种产品资源的成员。这些社群成员可以把自己的产品资源置入其所在的行业社群中，并通过社群运营人员的协助将其整合成新的产品或新的合作项目，然后再通过社群成员在其他社群的销售通路，推广并销售产品，如图1-9所示。

图1-9 酒店群的资源整合

4. 渠道分销模式

社群在某种程度上可以被看作一种分销渠道，社群成员则可以被视为分销商或合伙人。在得到产品信息后，作为分销商的社群成员再各自组建社群推广和销售产品，这也是微商常用的模式。可见，社群可以促成直接或间接的交易。

扫一扫

衡量社群质量的四个指标

能力训练

训练任务：请选择一个你喜欢的社群，并对这个社群进行分析，填写表1-2。

表 1-2 社群分析

你喜欢的社群	你的分析
社群的群名是什么？	
为什么喜欢这个社群？	
这个社群因为什么而聚合？	
这个社群处于社群生命周期的哪个阶段？	
这个社群的输出价值是什么？	
这个社群还有哪些地方可以改进？	

任务评价

序号	评分内容	总分	教师打分	教师点评
1	对社群名的认知是否准确	20		
2	对社群的聚合原因的分析是否准确	20		
3	对社群所处的社群生命周期判断是否准确	20		
4	对社群的输出价值判断是否准确	20		
5	对社群的改进建议是否具有可行性	20		
	总分	100		

项目二　构建可持续成长的社群

学习目标

知识目标

1. 了解社群的构建动机；
2. 了解社群的目标人群定位和痛点；
3. 熟悉社群运营平台的特点。

技能目标

1. 能够拟订社群的名称和口号；
2. 能够对社群的目标人群定位和痛点进行分析；
3. 能够打造社群的共同价值观；
4. 能够制定系统化的社群规则和发展规划。

素养目标

1. 培养学生的创新意识和创业精神；
2. 树立新媒体营销意识，培养社群营销的基本意识；
3. 培养运用所学知识满足客户对社群营销内容需求的能力。

任务1　搭建社群的准备工作

搭建社群是一个需要全面规划的系统工程，在设计搭建之初，就需要考虑到社群建立之后的运营。社群要进入到运营阶段，需要投入巨大的时间和精力，运营过程中的资金投入同样巨大，此外，还有一个容易被忽视的关键——人脉资源。人脉资源看似没有消耗资金，实则是最宝贵的、无法用金钱衡量的、无形的不可再生资源。所以，对于社群的运营者来说，在创建社群之前，务必要认真思考为什么要创建社群，建立社群是为了吸引怎样的人，准备拒绝怎样的人。

项目二　构建可持续成长的社群

> **想一想**
>
> 建立社群的目的是什么？
> 是为了让更多人更好地了解某个产品，还是提供交流某种爱好的机会？
> 为了大家的学习成长？
> 纯粹的兴趣团队？
> 聚集某个圈子的精英，影响更多人？
> 做某个群体的情感聚集地？

一、社群的搭建目的

很多人认为，社群就是简单的微信群或 QQ 群。其实社群并不是简单地把人强行聚拢在一起，建立一个群就行了，社群是借由共同的兴趣、爱好、信仰等因素把人有机地聚合在一起，形成一个有价值的生态圈。在当今这个互联网高速发展的时代，社群营销已经逐渐成为企业或组织进行网络营销的重要策略之一。社群营销主要是利用社交媒体、论坛、博客等网络平台，通过与用户建立良好的互动关系，达到推广品牌和产品的目的。

（一）社群必备的构成要素

社群中的成员以内容为核心，拥有相同的价值观，具有强烈的身份认同和归属感，通过去中心化的社交和网络服务的方式，形成一个强链接关系的社交部落，并彼此建立圈层化互动和体验，在共享和体验中互利，每个人在社群中既是内容的贡献者，也是获得者。

社群是一群人点对点进行连接，在连接人的过程中，基于有温度的内容互动、有价值的产品、有意义的活动、统一的价值观、共同的社群目标及全体成员的共同利益，通过各种亚文化、互动机制、合作模式等手段，进一步让志同道合的人深度聚合和连接的社群组织。

（1）构成社群的第一要素——同好，它决定了一个社群的成立。

所谓"同好"，是对某种事物的共同认可或行为。我们为了什么而聚到一起？我们聚集在一起是因为要一起做成一件事情。比如我们都对互联网新零售感兴趣，所以聚集在一起对互联网零售进行研究。世上任何事物的存在必有其存在的理由，如果没有价值就没有存在的必要。同好是我们找到同质的人的原点，但是同好仅仅是一个社群成立的发端，要想真正使社群存活、发展、壮大，还需要其他几个要素。

（2）构成社群的第二要素——结构，它决定了一个社群的存活。

很多社群前期如火如荼地开展起来，最后慢慢走向了沉寂，太多是因为没有在社群建立之初对社群的结构进行有效的规划和管理。社群的组成结构包括核心成员、初级种子成员、交流平台、加入原则和管理规范。这五个组成结构做得越好，社群活得

越长。

(3) 构成社群的第三要素——输出，它决定了一个社群的价值。

所有的社群成立之初都会有一定的活跃度，但若不能持续输出有价值的内容，社群的活跃度就会慢慢降低，最后沦为广告群。一个不能持续给社群成员提供价值的社群迟早会被成员逐渐屏蔽，甚至解散。社群被屏蔽或解散就相当于失了"民心"，好的社群一定要能给社群成员提供稳定的服务输出，这也是社群成员加入该群，留在该群的价值。此外，还要衡量社群成员的输出成果，全员持续讨论开花才是社群，如果仅仅是一个人唱独台戏，就成了粉丝经济。

(4) 构成社群的第四要素——运营，它决定了一个社群的寿命。

社群的寿命与其经营水平息息相关。社群通过运营要建立"四感"，即仪式感、参与感、组织感、归属感。

所谓的仪式感，就是要想加入该群就得申请，入群要遵守群规，群内行为要接受奖励和惩罚，以此来保证社群的规范性和特殊性。如果加入社群的人不经过筛选，无论做什么行为、说什么话都不做约束，就容易出现问题，甚至被后端平台打击封禁。

所谓的参与感，就是要让群里面的成员参与当下的话题，不能仅当一个旁观者，让参与话题讨论的成员有分享成就感，让保持沉默的小伙伴有收获。社群每天有不同的话题更新，成员的参与感也会逐步提升。

所谓的组织感，就是对某事情的分工、协作、执行等，并以此来保证社群的战斗力。无论是党派、教派还是社团组织，其本质是一样的，都是由共同的目标和爱好将志同道合的人聚集在一起，形成组织后必然要有分工协作，才能把这个组织运营好，否则这个组织就跟一个松散的团伙没什么区别。

所谓的归属感，就是定期组织线上线下互助、活动，以此保证社群的凝聚力。社群主要活动于线上，但是社群的关键组成结构是人，人只有面对面接触、认识、互动才能进一步建立关系，有黏附度，仅仅靠线上的你一句我一句的探讨，很难让群成员找到有组织的感觉。

(5) 构成社群的第五要素——复制，它决定了一个社群的规模。

社群主要在线上开展，不能时时进行线下活动，这是它的局限性也是优势。于是，在核心社群运营顺畅之后对其进行线上复制，成本比复制线下活动经济实惠得多。但是，不论社群如何复制，都不能忘记突出它的核心——情感归宿和价值认同。

知识窗

社群如果能够被复制成多个平行社群，将会覆盖更多群体，形成巨大的规模效应。因此，在复制社群之前，需要思考以下几个问题。

1. 是否已建立好核心的自有组织？

要根据人力、物力和管理水平等实际条件，做好充足的准备，核心团队要能围绕社群的建群目的开展各个平行社群的有效运营。

2. 是否拥有了种子用户团体？

要有自己一定量的核心小伙伴，他们可以作为社群的种子用户加入各个平行社群，引导社群文化的方向发展保持一致。

3. 是否形成了属于自己社群的标志性文化特征？

要形成一个属于自己社群的文化标签。社群互动过程中，输出的价值观、图文风格、文化调性应是同一风格；分享活动或个人观点时，应有鲜明的社群特色。

（二）社群的搭建目的

社群的本质是什么？社群是将尽可能多的具有共同价值观、亚文化、兴趣和目标的人群聚集在一起，让社群成员的存在变得有价值，并在虚拟世界里获得有利益的资源。搭建社群通常出于以下几种目的。

1. 销售产品

成立社群是为了更好地售卖自己的产品。例如一个人通过建群分享绣花经验，分享一定经验后可以顺势推荐其淘宝小店。这种基于经济目标维护的群反而有更大生存下去的可能，因为做好在群成员中的口碑，就可以源源不断地获得老用户的满意度和追加购买，还能不断吸引新用户加入。

2. 提供服务

例如在线教育组织需要建立大量的学员群进行答疑服务，还可以在学员群中组织微课在线分享知识；有的企业会建立社群，提供一些咨询服务，从而加强其与客户之间的连接。

3. 拓展人脉

不管是基于兴趣，还是为了交友，构建自己的人脉圈，这是任何一个职场人士都会去努力维护的一种关系。社群的搭建有利于拓展人脉，但人脉型社群尤其要明确定位，因为很容易找不到自己的"圆心"。每个人的需求是不同的，如果做社群找不到"圆心"，是非常容易失败的。

4. 聚集兴趣

这指的是基于如读书、学习、跑步、艺术等爱好而聚在一起形成的社群，这类社群的主要目的是吸引一批人共同维持兴趣，构建一个共同爱好者的小圈子。此外，一些人的成长需要同伴效应，没有同伴圈，很多人会难以坚持，他们需要在一起相互打气、相互激励，很多考研群就是因此建立的。

5. 打造品牌

出于打造品牌的目的而建立的社群，旨在和用户建立更紧密的关系，并且要建立的不是简单的交易关系，而是实现交易之外的情感连接。社群的规模大了，传播性就可以得到很大增强，能对品牌起到非常好的宣传作用。

6. 树立影响力

群主不一定是一个正式组织的负责人，但是维护一个群的同时会希望在线下可以成为一个非正式关系里面的连接人，获得连接人的影响力。如果群主成功组织群成员

进行了一些活动，就会在一定的圈子里逐渐形成自己的网络影响力。

二、社群的价值体系

想一想

1. 社群能给社群成员带来哪些价值？
2. 用什么方式能让社群成员感受到这些价值？
3. 这些价值从何处来？

这些问题对应着社群价值体系中的三个层面的内容：社群成员的价值需求、社群价值输出和社群价值源。

（一）社群价值体系的三个层面

1. 社群成员的价值需求

社群成员的价值需求，概括来说，就是指社群成员的入群动机和留群理由。如果社群能够满足社群成员的价值需求，他们可能就会愿意加入社群并留在社群。但需要注意的是，社群成员的价值需求并不是一成不变的。当某个最迫切的价值需求得到满足以后，他们可能会产生新的价值需求。如果社群无法满足成员新的价值需求，他们可能会"潜水"或退出。

2. 社群价值输出

社群价值输出主要是指社群能输出的价值内容。这些内容可以是具体的产品、明确的服务，也可以是知识，还可以是实战经验，或者三者皆有。只有持续地输出对社群成员有价值的内容，社群才能保持其对社群成员的吸引力。

3. 社群价值源

社群价值源在运营前期主要来自社群的关键人物，可以称其为 KOL，他往往承担着社群群主的角色。社群 KOL 的知识体系直接决定了社群价值输出的品质，KOL 是运营前期整个社群价值体系的支柱，广泛吸引认同者加入社群。如图 2-1 所示，该图展示的是某品牌的粉丝群中的互动。

（二）构建社群价值体系

社群价值源决定了社群价值输出，社群价值输出决定了社群成员的价值需求能否得到满足，进而决定了社群成员是加入社群还是离开社群。基于这样的逻辑，社群运营者可以用逆向思维来构建社群的价值体系。用逆向思维构建价值体系，即先考虑目标人群的需求，再根据需求构思社群的价值输出，最后根据社群的价值输出寻找社群的价值源。按照逆向思维构建的社群价值体系，能够让社群运营更符合社群成员的需求。

运用逆向思维构建社群的价值体系可以参考以下几个步骤。

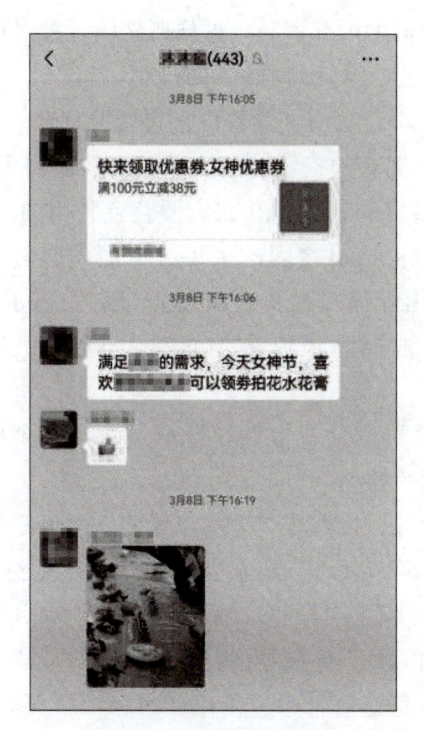

图 2-1　社群互动

1. 把需求具体化

深入分析目标人群的行为特点，把目标人群的需求具体化，是构建价值体系的第一步。

一般而言，社群运营者需要分析目标人群的行为，尤其是他们的消费行为。人们通常会把钱花在满足自己的需求上，分析目标人群的消费行为，社群运营者就能知道他们是用什么方法来满足自己的需求的。

2. 根据具体需求选择社群价值输出的方式

社群运营者需要根据目标人群的具体需求来选择社群价值输出的方式。

一般而言，社群价值输出的方式主要分为内容输出、话题输出、资源输出、项目输出、成就输出和福利输出等。社群运营者可以根据目标人群的需求，有针对性地选择价值输出方式。

（1）内容输出，即社群为社群成员分享有价值的内容。

在建群之初，内容输出主要依靠社群运营者、社群 KOL 或"大咖"嘉宾分享一些干货，如经验总结、技巧总结等，让社群成员觉得能在社群内学到东西；而在社群进入稳定阶段后，每个社群成员都可以进行内容输出。需要注意的是，社群前期的价值源是社群运营者、社群 KOL 或"大咖"嘉宾，后期的价值源则是社群成员。

（2）话题输出，即社群通过话题交流实现价值输出。

这是社群成员都比较感兴趣的活动。社群运营者可以选择热门话题和能够满足社群成员具体需求的话题，在相互融合、相互带入的前提下定期进行话题讨论，并把讨

论结果整理成册，变成社群的内部资料。这样既能满足社群成员具体的需求，又能增强社群成员参与讨论的氛围，从而增强社群的吸引力。

（3）资源输出，即社群运营者在社群内进行资源整合。

充分借助社群成员所拥有的资源，如人脉资源、学习资源、产品资源、就业创业资源等，实现资源的整合和利用，并在资源整合利用的过程中，不断加深社群成员与社群、社群成员与社群成员之间的关系，从而增强社群成员对社群的依赖感和归属感。由于资源输出能满足社群成员的直接利益需求，解决社群成员的利益痛点，因此，资源输出被视为最有效地增强社群吸引力的社群价值输出方式之一。

（4）项目输出，即社群运营者带领社群成员参与某个项目的研发或营销推广，从而让所有人都能获得项目收益。

当社群发展到一定阶段，社群成员之间已经建立了信任基础，且对彼此的特长都比较认可的时候，社群运营者就可以集众人所长、合众人之力，共同研发或营销推广某个项目。项目结束后，所有参与的社群成员都能分得项目收益。这种模式能为社群成员带来明显的、可见的收益，能明显提升社群成员对社群的价值认可度。

（5）成就输出，即社群运营者通过在社群内和社群关联新媒体平台宣传社群成员因加入社群而取得的个人成就，来增强社群成员对社群的集体荣誉感和价值认同感。例如，"秋叶写书私房课"的社群成员所著的图书上市后常会占据当当网新书排行榜前列，这样的成就会及时被社群运营者制作成海报在社群内、微信朋友圈内及社群关联新媒体平台上展示。其他社群成员看到社群运营者展示的这些成就，会更加认可社群的价值。

（6）福利输出，即仅仅针对社群内部成员输出的专属福利商品、服务或信息，可以提升社群成员的归属感和黏性。另外还有一种福利输出是指群主或 KOL 的日常生活状态。通过持续稳定地在社群内部输出，让社群成员感受不同生活状态中的美好，打开固有生活圈的信息茧房，近距离接触到向往生活的场景。

综上所述，社群运营者需要根据价值内容寻找合适的价值源，而不是随便地让价值源来输出价值。通过分析很多社群的成长历程，我们发现，真正能长久发展、不用特别维护还能保持活跃的社群，普遍具备的典型特征是社群成员之间逐步建立了互助共赢的关系。这其实相当于一种弱中心化甚至是去中心化的价值模式，当今商业模式趋向互联互通、合作共赢发展，社群需重视社群成员间的协作，从而实现共创型的价值模式，共同创造社群价值。

三、目标人群和角色分配

（一）社群的目标人群

创建社群需要寻找目标用户，那么去哪里寻找目标用户群体呢？要在每个人的社交网络中寻找。每个人的社交网络关系都可以分为强中弱三层。

1. 强关系

强关系是指个人联系最为频繁的人群，这种关系稳定但传播有限，具有长期性、稳定性、中介性和高信用度等特点。这种关系的社会网络同质性较强，人与人的关系亲密，有很强的情感因素维系着，如亲戚、朋友、同学、同事等。

2. 中关系

中关系是介于强弱关系之间的关系。强调到中关系中寻找目标用户，是因为中关系对强关系来说可开发资源较多，而且也有信任的基础，是最可以沟通、交流、培养的目标用户。一旦跨过信任壁垒，开始第一笔交易，他们将成为稳定长久的客户。所以每个推广人都应该积极开发自己的中关系。中关系可以是强关系的裂变，如亲戚的朋友，朋友的朋友；也可以是弱关系的转化，例如通过论坛、博客、微博、QQ群等，把陌生人转变为朋友。

3. 弱关系

弱关系则是指个人联系不太频繁的人群，如前同事、多年未联系的同学或只有一面之缘的人。弱关系具有广泛性、异质性、中介性和非结构化等特点。弱关系中的人与人关系不紧密，没有太多的情感维系，也就是所谓的泛泛之交。

（二）社群的角色分配

每个人在现实生活中都有自己的角色，社群中也不例外，也有自己的角色分配。每个不同性质的社群都会有不同的角色，大致可分为三类。

1. 组织者

社群组织者通常也是群主。一个好的社群要有一个优秀的群主，他了解社群成员的特点、需求和可引导话题，同时拥有能力和资源。群主每天会发布一些主题内容，组织社群里的人参与讨论，或者持续稳定地输出社群成员感兴趣的内容，以此保持社群的活跃度。组织者有时候也会安排助理在群里协助完成工作，如图2-2所示。

2. 专家

社群专家指的是问题解决者。社群往往包容了人数众多的成员，而关键能力者只需要几位或者十几位就可以了。但是不要小瞧这些人，社群的持续发展是不能够缺少专家的。当一个新进社群的用户发问时专家专业的回答能够让他安心地留下来，因为他的问题能够在社群中得到解决；如果他发现社群无法帮他解决问题，就会立即离开。如图2-3所示，专家在定期输出社群的核心价值。

3. 积极分子

社群积极分子指的是气氛活跃者。当社群中产生一个话题后，大多数人都是观望的，这时候能参与进来的，就是气氛的活跃者。这个角色就像是一个链条，也是个榜样，吸引大家一起参与，很多社群在大家还不熟悉的前期下，未必有气氛活跃者，这就需要群主先安排几个活跃者参与，也就是我们俗称的"托儿"。

图 2-2　社群活跃气氛

图 2-3　专家的社群价值输出

（三）社群核心人物 IP 打造

社群核心人物 IP 打造是指通过一系列策略和方法，塑造社群中具有影响力和号召力的核心人物形象，以提升社群的凝聚力和活跃度。一个成功的社群核心人物 IP 能够成为社群的代表和引领者，吸引更多成员的关注和参与，推动社群的发展。社群核心人物 IP 打造的关键步骤和要点有以下几点。

（1）明确社群定位和目标受众。首先，需要明确社群的定位和目标受众，确定社群的核心价值和目标。这有助于确定核心人物的形象和特点，并保证该形象特点符合社群的整体风格和受众需求。

（2）选择合适的核心人物。从社群成员中挑选有潜力成为核心人物的人选；这些人选可能具备专业知识、领袖魅力、影响力等特质，能够引领社群发展并吸引其他成员的关注。

（3）塑造核心人物形象。为核心人物设计独特的形象和风格，包括个人简介、头像、签名等，要确保这些元素与社群的定位和目标受众相符合，并能够展现核心人物的个性和特点。

（4）展示核心人物的实力和价值。通过分享核心人物的专业知识、经验、成就等内容，展示其在社群中的实力和价值。可以通过文章、讲座、直播等形式展示核心人物的实力和价值，吸引其他成员的关注和认可。

（5）与成员互动，建立信任。核心人物需要积极参与社群的互动，与其他成员建立良好的关系和信任。可以通过回答问题、提供帮助、参与讨论等方式，展示核心人物的亲和力和责任感，赢得成员的信任和尊重。

（6）定期更新内容和活动。为核心人物设计定期更新的内容和活动，以保持其在社群中的活跃度和影响力，如定期发布文章、组织线上或线下活动、推出新产品或服务等。

（7）培养核心人物的粉丝群体。鼓励成员关注、点赞、分享核心人物的输出内容，培养其粉丝群体。通过粉丝的互动和反馈，进一步提升核心人物在社群中的影响力和号召力。

（8）持续优化和改进。根据成员反馈和数据分析，持续优化和改进核心人物的形象和内容；关注行业动态和趋势，不断学习并提升自己的能力，以适应社群发展的需求。

总之，社群核心人物 IP 打造需要综合考虑社群定位、目标受众、核心人物选择、形象塑造、实力展示、互动信任、内容更新和粉丝培养等多个方面。通过精心策划和执行，成功打造社群核心人物 IP 能够提升社群的凝聚力和活跃度，推动社群持续健康发展。

四、打造社群名片

当下社会中，各种类型的社群众多，互联网信息令人目不暇接。如何吸引目标人群加入社群，就需要打造社群名片，通过清晰的标签提升识别度，精准地传达核心价值。社群名片包括名称、口号、Logo 以及活动视觉设计，它们使社群变得形象化和标准化，呈现出鲜明而独特的视觉效果。

（一）社群的名称

社群既包含着社交关系，又承载着共同目标的期许。社群名称是非常重要的社群符号，拟定社群名称可以从以下几个方面入手。

1. 明确社群类型，提炼核心价值

每一个社群都有自己独特的定位和特点，比如同城交友群、学生互助群、行业交流群等社群均有其特定的核心价值。针对不同类型的群体，应该注重传递社群的核心价值，这样不仅可以吸引相关人群加入，也有助于增强群体凝聚力。例如：可以给同城交友群，起名叫"我们的城"，表现出社群成员都是城市的主人，可以一起玩、一起生活、一起探索城市的各种奇妙。

2. 方便记忆，使人易联想

好的名字要具有记忆性，要顺口易记，可以用一些简单的、贴切生活的事物加强联想，让人记得更深。例如：互助群可以起名叫"皮卡丘的小窝"，让群友们产生一

种所有群成员都在一起的亲密感，增强互信和帮助；而"创众"可以用作一个创业群的名字，这个群名简洁大方，方便加入的群众一目了然。

3. 融入口味，结合文化典故

为了让人们对这个名字产生乐趣感，有时候会特意在群名中加入一些有趣的内容。例如，一些暴漫爱好者会搞出一些很有趣的群名，吸引不少群友加入。有些群名既带有地方性特色，又贴切，更重要的是融入了某种文化典故，使人印象深刻。

4. 用字清晰，大小格调一致

好的群名要用字清晰、大小格调一致，让大家看到就能明白其寓意。虽然一些颓废类、小清新的名字也很吸引人们的关注，但社群涉及的内容多种多样，不宜一概而论。因此，用字清晰、大小格调一致的大方名字是最佳的选择。

总之，好的社群名字要符合群体特征，从各种角度综合分析并结合实际考虑。符合自身特点的社群名字，不仅能增加群成员的黏性，还能让大家感受到更专业、更亲密、更美好的群体氛围。

特别要注意的是，确定社群名称前，需要在网络平台搜索看此名称是否已经被注册或使用，若搜索后发现重名的社群很多，可能就需要更换名称，因为重名意味着增加解释成本，不利于树立社群的影响力。此外，还需要与专业的商标注册公司确认，与群名相关的商标是否已经被注册。这是因为，如果我们想将社群营销的事业持续做大，就要保护群名对应的知识产权，申请跟群名相关的商标，若相关的商标已经被注册，再使用这个群名进行大规模的、有影响力的商业活动，就会出现侵权问题。因此，在拟订社群名称的时候可以多准备几个，最终使用最符合条件的。

（二）社群的口号

社群口号传递的是社群的价值观，这种价值观也是社群亚文化的一部分。口号作为浓缩的精华，是体现社群亚文化的最佳载体之一。口号一般有以下三种类型。

1. 功能型口号

功能型口号，即阐述社群各种特点的口号，这种口号用具体的话语让所有人第一眼看到口号时就知道该社群属于哪个行业，做什么内容。

2. 利益型口号

利益型口号阐述了社群的功能或特点能够带给目标人群的直接利益。让人看到口号时就知道社群将会输出什么价值。

3. 理念型口号

理念型口号阐述的是社群追求某种利益背后的态度、情怀、情感等，或者该利益升华后的世界观、价值观、人生观。

在一个全新的社群还没有树立影响力的时候，应将口号设计的焦点放在功能和利益上,尽可能减少用户的认知障碍,以便迅速占领市场;当社群成长为大众熟知的品牌时,理念型口号的意义就会体现出来。

(三) 社群的 Logo

确定了社群名称和口号后,就需要围绕社群的名称与口号进行社群 Logo 的设计。目前常见的社群 Logo 的设计方法有两种:一种是使用品牌的原 Logo。已经非常成熟的企业或品牌在做社群的时候会直接使用自己品牌的原 Logo;另一种是使用社群名称做 Logo。原生态的社群一般情况下会用社群名称来做 Logo。一个成功的 Logo 应该简洁、易于识别,并能够传达社群的核心信息。构思和创建社群 Logo 可以从以下几点入手。

首先,需要考虑社群的核心理念和价值观。这些要素将决定 Logo 的设计风格和主题。例如,如果社群是一个关注环保的群体,则可以在 Logo 中使用自然元素或环保符号,如树叶、树干或循环再生标志。

其次,要确定 Logo 的颜色方案。颜色可以对观者的情绪和感知产生影响,因此选择与社群价值观相符的颜色是非常重要。例如,如果社群倡导积极向上的精神,可以选择明快、鲜亮的颜色;如果社群更注重传统和稳重,则可以选择深色或中性色调。

最后,需要考虑在 Logo 中融入社群的名称或口号。这可以通过使用独特的字体或添加相关的图形元素来实现。例如,如果社群的名称包含特定的词语或短语,可以在 Logo 中使用相应的首字母或图案。如图 2-4 所示,喜茶结合我国各城市的特色设计的一系列 Logo 增加了粉丝的好感,提升了品牌的识别度。

图 2-4 喜茶系列 Logo

设计好 Logo 之后,社群在所有平台开展活动时,就可以根据 Logo 来进行统一的活动视觉设计。社群的官方微博和微信、纪念品、邀请卡、胸牌、旗子、合影等都可以使用统一的视觉设计来强化品牌形象。当社群有了统一的名称、统一的口号、统一的 Logo 及统一的活动视觉设计后,社群就会变得形象化、标准化,对外就会呈现出一种鲜明而独特的视觉效果。

素养园地

建设具有强大凝聚力和引领力的社会主义意识形态

任务 2　搭建社群的工具

社群运营离不开平台的支持。目前，网络上有多个平台适合社群进行搭建，在平台搭建完成之后，社群就可结合多种运营工具展开日常运营活动。社群运营团队可以根据社群的预设主题和目标受众，选择适合的平台进行搭建。

一、常见的社群搭建平台

（一）微信

微信是现在使用非常频繁的社交软件，用户的打开频次非常高，因此微信是建立社群的首选平台。微信的日活量非常大，是一个打造圈子的好平台，在微信上建立社群可以快速找到目标人群，同时可以直接将用户拉入社群，方便快捷，而且微信有个特点，即用户对于被拉入群通常不会有怨言，只要社群对用户有福利，用户通常是乐意接受的。微信平台包含几个板块，下面来逐一了解。

1. 微信公众号

微信公众号是社群搭建平台之一。通过微信公众号，可以创建公众号文章、推送消息、管理粉丝、开展活动等，可以与粉丝进行互动和交流，适合各类主题的社群搭建，特别是面向大众用户的社群，如图 2-5 和图 2-6 所示。

2. 微信群

微信群是微信推出的一个多人聊天交流功能，可以通过网络快速发送语音信息、视频、图片和文字。微信群是微信内的社交群组，适合小规模的社群搭建，如图 2-7 所示。可以邀请成员加入微信群，进行实时交流和互动。微信群具有操作简便、沟通及时等特点，适合亲密的社群关系。需要注意的是，现在微信有推出"折叠"功能，微信群一旦被群成员设置为折叠之后，该群的消息就无法被直接展示。为避免这种情况出现，社群运营者需通过持续稳定输出成员感兴趣的社群价值，以及社群福利，提升社群活动的体验感，让成员不将微信群设置为"折叠"。

项目二　构建可持续成长的社群

图 2-5　微信公众号"林曦的小世界"

图 2-6　微信公众号"自在睡觉"

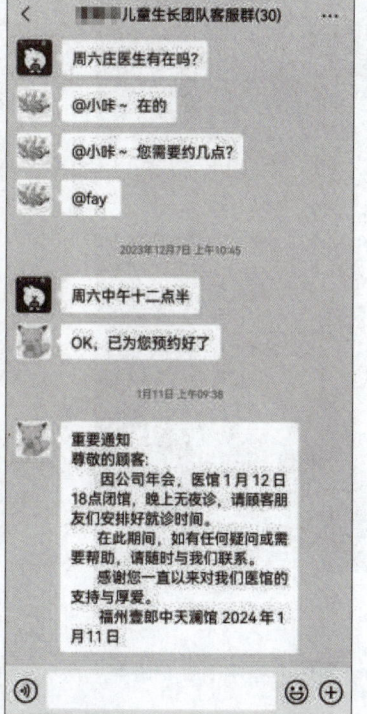

图 2-7　社群微信群

035

3. 微信小程序

微信小程序是小程序的一种，英文名为 WeChat Mini Program，是一种不需要下载安装即可使用的应用，如图 2-8 所示。微信小程序实现了应用"触手可及"的梦想，用户扫一扫或搜一下即可打开应用，主体类型为企业、政府、媒体、其他组织或个人的开发者，均可申请注册微信小程序。微信小程序、微信订阅号、微信服务号、微信企业号是并行的体系。在大多数人都使用手机微信的时代，微信小程序和微信群的组合玩法，成为当下主流的营销渠道，不管是品牌商还是个体商户，对于微信社群的运营尤其青睐，如图 2-9 和图 2-10 所示。

图 2-8 微信小程序

图 2-9 微信小程序"山林曦照"

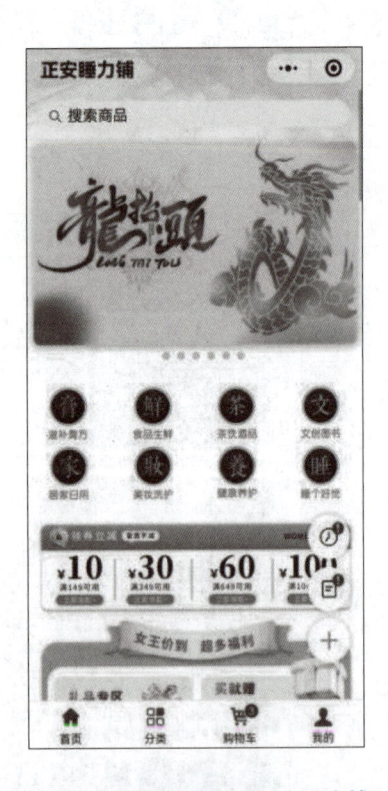

图 2-10 微信小程序"正安睡力铺"

4. 企业微信平台

不同于微信的一般用户，企业微信用户的名字后会自带一个品牌的"小尾巴"，其格式是"姓名/别名@公司简称"，如图2-11所示。当社群运营者用企业微信对外联络时，"小尾巴"可以帮助社群运营者与外部联系人快速建立信任。

图2-11　企业微信

与普通的微信群相比，企业微信群自带一些常用的办公功能，如在线文档编辑、会议、收集表等功能，可以看出，企业微信群更加适用于办公及团队协作。在社群运营方面，企业微信群和微信群也有较大区别。企业微信群可邀请官方的群机器人作为社群运营小助理，当有新人进入社群时，群机器人就会自动"@新人"，并发送提前设置好的欢迎语，欢迎语可以包含文本、链接、图片、小程序等内容。社群成员有问题需要咨询时，也可"@群机器人"并发送问题关键词，群机器人会自动回复并解答问题，群机器人的功能大大节省人力成本。此外，企业微信群还有很多实用的社群运营小工具，如群直播、防骚扰、禁止加入群聊、群成员去重、群发助手等，能够有效提高社群运营效率。因此，企业微信群对许多行业来说都很实用。如果企业微信群是以企业的名义创建的，那么，该企业微信群可以在企业微信平台进行企业微信认证。

（二）QQ

与微信类似，QQ也是适合搭建社群的社交平台，使用QQ搭建社群的优势如表2-1所示。

表 2-1　使用 QQ 搭建社群的优势

优势	优势分析
广泛的用户基础	QQ 作为一款拥有庞大用户基础的即时通信软件，为搭建社群提供了广阔的空间。很多年龄段的人都有 QQ 号，这使得在 QQ 上搭建社群能够覆盖更广泛的潜在用户群体
灵活的群组管理	QQ 群提供了丰富的管理功能，如群公告、群文件、群相册等，方便群主对群组进行高效管理。同时，QQ 群还支持设置管理员、禁言、踢人等操作，以确保群组的秩序和活跃度
多样化的交流方式	在 QQ 群中，成员可以通过文字、语音、图片、视频等多种方式进行交流，社群的互动形式非常丰富。此外，QQ 群还支持创建多个小窗进行定点交流，便于成员之间针对特定话题进行深入讨论
易于传播和分享	QQ 群的链接可以非常便捷地分享给其他 QQ 用户，从而扩大社群的影响力。同时，群内的内容也可以轻松转发到其他社交平台，进一步提高社群的曝光度
稳定的平台支持	作为腾讯旗下的重要产品，QQ 拥有稳定的服务器和强大的技术团队作为支持，确保了社群的稳定性和安全性。此外，QQ 还在不断优化和更新功能，以满足用户不断变化的需求

综上所述，QQ 在搭建社群方面具有广泛的用户基础、灵活的群组管理、多样化的交流方式、易于传播和分享以及稳定的平台支持等优势。这些优势使得 QQ 成为搭建和运营社群的重要选择之一。

（三）微博

在微博搭建社群的优势主要体现在表 2-2 所示的几个方面。

表 2-2　微博搭建社群的优势

优势	优势分析
开放性与公开性	微博是一个开放性的社交平台，其社群功能如微博群、超话和话题等也都是公开的，这意味着任何人都可以加入和参与讨论，开放性与公开性为社群吸引了大量潜在用户
话题聚合性	微博社群往往围绕着特定的话题或兴趣点聚集，这使社群成员之间有着共同的话题和兴趣，促进了成员间的交流与互动
内容多样性与即时性	微博支持文字、图片、视频、直播等多种形式的内容发布，能够满足不同用户的信息获取需求和娱乐需求。同时，微博的即时性使社群内的信息更新十分迅速，成员可以实时了解最新的动态和热点
强大的传播效应	微博具有广泛的用户基础和强大的传播能力，一条热门微博可以在短时间内被大量转发和评论，迅速扩大社群的影响力。这种传播效应对于品牌宣传、活动策划等具有重要意义
较低的运营成本	相比其他社群平台，在微博搭建社群的运营成本相对较低。微博提供了丰富的免费工具和资源，如微博话题榜、热搜榜等，可以帮助社群快速吸引粉丝、提高曝光度
具备粉丝经济潜力	微博社群中的粉丝具有较高的忠诚度和活跃度，他们不仅积极参与社群活动，还可能成为品牌的忠实拥趸和消费者。因此，微博社群在发展粉丝经济、实现商业变现方面具有重大潜力

综上所述，在微博搭建社群具有开放性与公开性、话题聚合性、内容多样性与即时性、强大的传播效应、较低的运营成本以及具备粉丝经济潜力等优势。这些优势使微博成为搭建和运营社群的重要平台之一。

（四）其他平台

除上述平台，还有其他平台适合社群搭建，如表2-3所示。选择哪个平台搭建社群要根据社群的特点和成员的需求来决定。不同的平台有不同的用户群体和功能特点，也有不同的规则和限制，社群运营者选择平台时要综合考虑社群的目标、受众和运营需求等方面的问题。在创建社群之初，社群运营者需要先了解各个平台的特点，再根据自己的目标人群和建群目标，确定社群的主要运营平台。

表2-3 其他适合搭建社群的平台

平台名称	平台特点
知乎	知乎是一个知识分享和问答社区，用户可以在上面提问、回答问题并分享自己的专业知识。知乎的圈子功能允许用户创建或加入特定的兴趣圈子，与志同道合的人一起交流学习
豆瓣	豆瓣是一个以书影音为主的社交网站，用户可以在上面创建小组并邀请其他用户加入。豆瓣小组为用户提供了一个围绕特定主题进行讨论的平台，非常适合搭建兴趣类社群
B站	B站（哔哩哔哩）是一个以视频内容为主的社交媒体平台，除了观看视频外，用户还可以加入UP主创建的粉丝团或应援团，与其他粉丝进行互动和交流
小红书	小红书是一个以分享购物心得和生活方式为主的社交平台，用户可以创建自己的主页并发布笔记，也可以加入或创建相关的社群，与志同道合的人一起分享和讨论

知识窗

在微信平台中，社群的运营方式并不局限于微信群，比较合适的运营方式是把微信群和个人微信号、微信公众号、小程序、视频号结合在一起灵活运营，其中，小程序可以作为商业变现的工具，如在小程序上进行产品的销售。还有一个简单而有用的运营搭配方式是微信公众号搭配个人微信号，这两者搭配运营是很有效的获得私域流量的方式。社群运营者可以在微信公众号的自定义菜单中添加自己的个人微信号，对文章感兴趣的读者就可以通过这个渠道添加社群运营者的微信。社群运营者添加读者为好友后，就可以把他拉进社群，从而将其转化为私域流量。采用这种方式构建的社群，由于社群成员对社群运营者的认可度很高，社群的运营维护成本相对会很低，社群的能量会比较大，生命周期也会比较长。

二、常见的社群运营工具

（一）报名工具

作为社群的运营者，有时需要组织社群活动和线下聚会，这时就需要统计每个报名者的信息，但手动收集报名信息费时费力，还容易出错。因此，我们可以使用专的报名工具，来极大地简化报名流程，确保信息的准确性，提高管理效率。常用的微信群报名工具如"群接龙"小程序，其操作界面如图2-12所示。

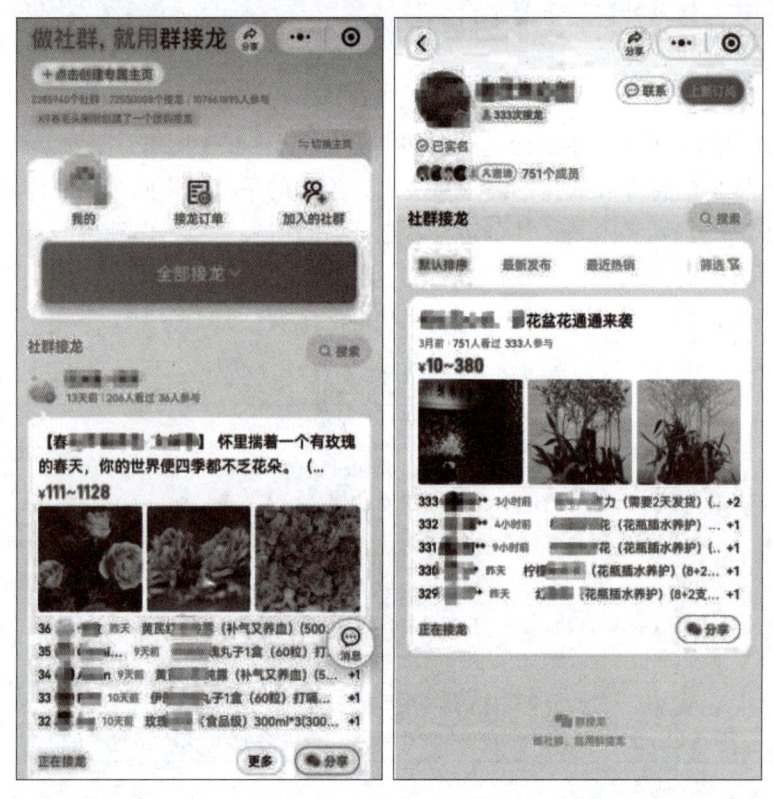

图2-12 群接龙（小程序）

（二）抽奖工具

社群运营工作中，抽奖活动必不可少。目前，不少社群的抽奖还是传统的发红包，领到红包最多的得奖，但这种方法显然缺乏新意，且一些手动抽奖容易引起争议，会被认为难以确保公平。这时，社群运营者可以采用一些抽奖工具，既能保证公平性，还能灵活设置规则，还可以设置实物抽奖和红包抽奖。更重要的是，使用抽奖工具发起的抽奖可以通过H5链接或海报转发至社群，能有效提升群员的参与度。常用的抽奖工具有活动抽奖（小程序）和抽奖助手（小程序），如图2-13和图2-14所示。

（三）打卡工具

运营社群，保持活跃度是最为关键的一项工作，而打卡就是保持活跃度的最简单有效的方法之一，且打卡对社群的仪式感大有益处。如果社群运营者手动记录打卡情况，费时费力不说，也容易出错，但社群本身大多不提供这类功能，所以，社群运营者可以利用打卡工具来简化打卡流程。这类打卡工具不仅提供多场景下的打卡，例如签到打卡、班级打卡、作业打卡等，还提供实时监督和记录等功能，使社群活动更有积极性和参与度。常用的打卡工具有鹅打卡（小程序）和群打卡（小程序），如图2-15和图2-16所示。

项目二　构建可持续成长的社群

图 2-13　活动抽奖（小程序）

图 2-14　抽奖助手（小程序）

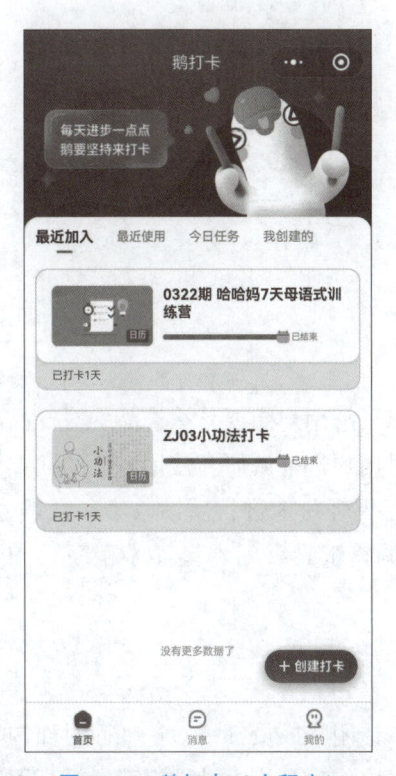

图 2-15　鹅打卡（小程序）

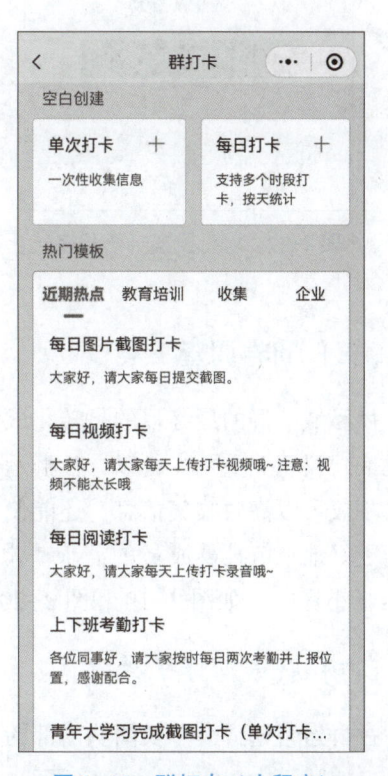

图 2-16　群打卡（小程序）

学习笔记

041

(四)投票工具

在社群中征集意见时,经常会遇到意见不统一的情况。这时就需要用到投票。传统的投票方式可能效率较低,而且不易确保投票的公正性。投票工具通过提供在线投票功能,简化了整个投票过程,还能保证匿名性和公正性,特别适用于需要社群成员集体决策的场合。常用的投票工具有腾讯投票(小程序)和群投票(小程序),如图 2-17 和图 2-18 所示。

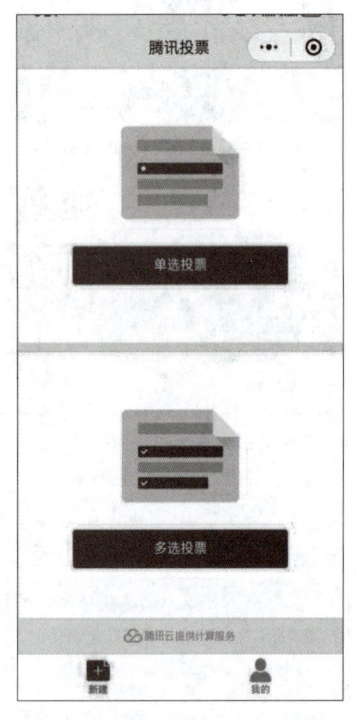

图 2-17 腾讯投票(小程序)　　　　图 2-18 群投票(小程序)

(五)问卷调查工具

做私域社群的最终目的是转化成交。因此,了解用户想要什么产品,对产品有何意见或建议至关重要。所以,社群运营者需要对用户进行调研,使用专业的问卷调查工具不仅可以高效收集信息,还能使社群运营者更轻松地进行反馈收集和数据分析,从而更好地了解社群成员的需求。常用的问卷调查工具有问卷星(小程序)和腾讯问卷(小程序)如图 2-19 和图 2-20。

(六)在线协作工具

社群运营通常会涉及团队内部的多人协作,让团队成员都一对一、面对面沟通或私聊,明显不太现实,且效率低下。所以,在线协作工具成为社群运营者提高团队协作效率的重要手段。这类工具为社群成员提供了实时共享文档和表格的平台,支持多

项目二 构建可持续成长的社群

人同时编辑，大大提高了社群内部的协作效率。常用的在线协作工具有石墨文档（小程序）和腾讯文档（小程序），如图 2-21 和图 2-22 所示。

图 2-19 问卷星（小程序）

图 2-20 腾讯问卷（小程序）

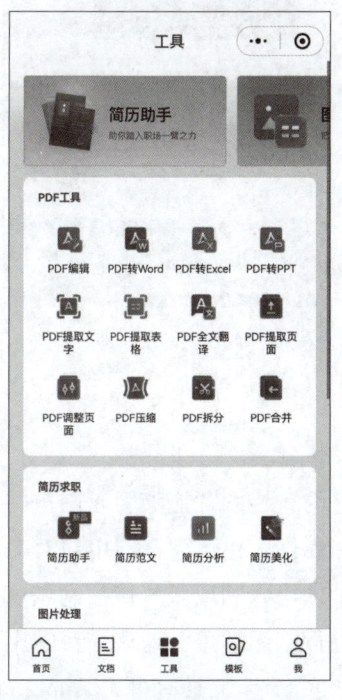

图 2-21 石墨文档（小程序）

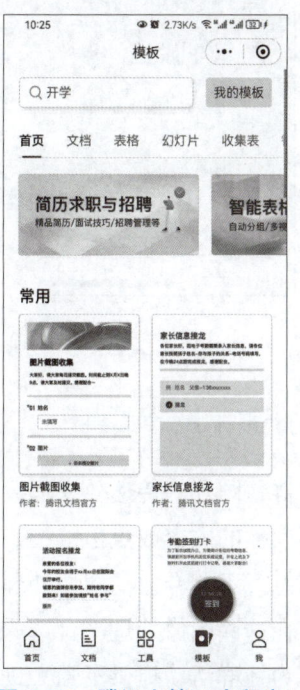

图 2-22 腾讯文档（小程序）

043

（七）短链接生成工具

短链接主要针对社群中的分享场景。例如在群里分享商品、文章时，复制的链接很长一串，在群里非常不好看。使用短链接生成工具生成的链接，可以提高分享的美观度和可记忆性。同时短链接生成工具提供点击数据分析的功能，使社群活动的推广更具效果。常用的短链接生成工具如短网址助手（小程序），如图 2-23 所示。

图 2-23　短网址助手（小程序）

（八）图片设计工具

做社群，图片的传达效果远远大于文字，好的宣传图片能够引起用户的兴趣，促使他们阅读你的内容或点击链接。统一的风格和属性，也可建立起用户对品牌的可信度和认同感。不会专业的图像处理软件也不要紧，可以利用一些作图网站和修图 App 等工具，在这些图像处理平台选取适合的模板进行制图即可，这些平台的操作一般较为简单，为社群活动提供了强大助力。常用的图片设计工具有可画 App，如图 2-24 所示。

项目二　构建可持续成长的社群

图 2-24　可画 App

（九）笔记清单工具

对于社群运营者来说，每日的社群工作繁琐且细小，事项也较多，一旦忙起来就容易忽略一些工作。所以，社群运营者可以借助一些清单工具，将每日的工作记录在其中，并对任务计划设置提醒，以便使社群管理更加系统化。常用的笔记清单工具有印象时间（小程序）和 ToDo 番茄（小程序）如图 2-25 和图 2-26 所示。

图 2-25　印象时间（小程序）

图 2-26　ToDo 番茄（小程序）

045

（十）内容总结工具

做社群，最重要的是内容的输出，能让用户感受到价值他们才会愿意留下。面对每日信息量极大的内容，我们可以通过工具来进行汇总和整理，以便让用户第一时间获取更为精准的信息。尤其是训练营或者学习型社群，更需要对内容进行回顾并总结精华。利用内容总结工具可以极大提升社群运营的效率。常用的内容总结工具 XMind 如图 2-27 所示。此外，飞书也是非常方便易用的内容总结工具。

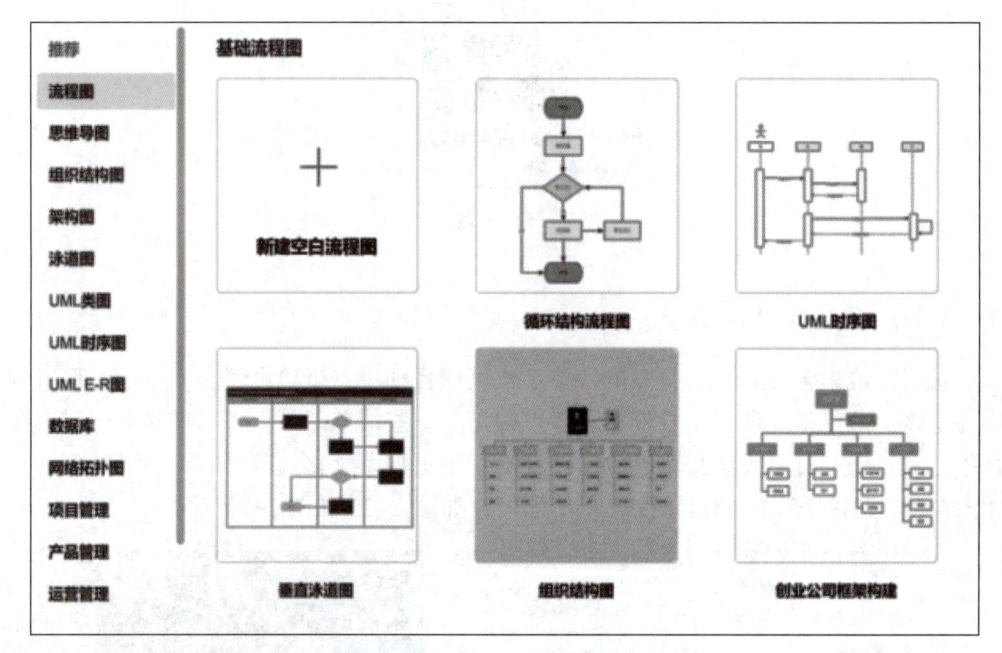

图 2-27　XMind 思维导图工具

（十一）祝福视频小工具

节日、社群成员生日或其他纪念日到来时，如果想制作一些有创意的祝福视频，可以使用"祝福圈子"这款小程序，把祝福做成视频转发到社群。此外，如图 2-28 所示的 AI 祝福语视频生成器（小程序）和图 2-29 所示的祝福视频（小程序）也是常用的制作祝福视频的工具。

（十二）资源平台

此外，一些网站提供一站式的多种常用资料，例如图 2-30 所示的觅知网（https://www.51miz.com）和 2-31 所示的熊猫办公（https://www.tukuppt.com）。社群运营者可以借助这些平台中的资源使社群的内容更加丰富。

图 2-28 祝福语视频生成器（小程序）　　　图 2-29 祝福视频（小程序）

图 2-30 觅知网

图 2-31　熊猫办公

三、打造社群的图文团队

(一) 社群的文案

社群文案是指在社群中发布的文字内容，用于吸引成员的注意、传达信息、引导互动或促进转化。社群文案的质量对于社群的运营至关重要，它能够影响成员的参与度和社群的活跃度。在撰写社群文案前，首先要明确方案的目标受众是谁，了解他们的兴趣、需求和痛点，以便编写更符合其需求的文案。以下是一些关于编写社群文案的建议和要点。

1. 简洁明了

社群文案应该简洁明了，避免冗长和复杂的句子，要尽量用简洁的语言传达核心信息，让读者能够快速理解并抓住要点。

2. 引起兴趣

可以使用引人入胜的标题和开头激发读者的兴趣，也可以通过提出问题、分享有趣的故事或展示引人注目的数据等方式来吸引读者的注意力。

3. 提供价值

社群文案应该为读者提供有价值的信息或解决方案，要确保文案能够帮助读者解决问题、获得启发或获得娱乐，让他们觉得加入社群是值得的。

4. 引导互动

在文案中引导读者进行互动，如提问、分享经验、参与讨论等，这样可以增加社群的活跃度，促进成员之间的交流。

5. 个性化风格

发展并保持一种与社群定位相符的个性化的文案风格，这有助于塑造社群的独特性和品牌形象，增加读者对社群的认同感和归属感。

6. 适应不同平台

考虑到不同社交媒体平台的特点和用户群体，要适当调整文案的风格和表达方式，以确保你的文案能够适应目标受众的喜好和阅读习惯。

7. 测试和优化

定期测试不同类型的文案，观察哪种类型的文案更能吸引读者的注意和参与度，并根据测试结果进行优化，提高文案的效果。

8. 与社群活动相结合

将文案与社群中的活动、促销或特殊主题相结合，增加文案的时效性和吸引力。

9. 持续学习和改进

关注行业动态和优秀社群案例，学习其他社群运营者的经验，不断学习和改进自己的社群文案技巧，提高文案的质量和效果。

总之，社群文案是吸引成员参与和推动社群活跃度的关键。在编写方案时，注意简洁明了、引起兴趣、提供价值、引导互动、个性化风格、适应不同平台、测试和优化、与社群活动相结合以及持续学习和改进等要点，可以使编写出的社群文案更吸引人，从而促进社群的健康发展。

（二）社群的美工

社群美工指的是在社群运营中负责视觉设计和美化工作的人，他们通过各种设计工具和技术，为社群内容提供吸引人的视觉呈现，从而增强成员的参与度和社群的吸引力。以下是社群美工的主要职责和任务。

1. 设计社群视觉元素

社群美工需要设计社群头像、封面图、背景图、公告栏等视觉元素，以展示社群的风格和特色。这些设计应该与社群的主题和定位相符，要能吸引目标受众的注意。

2. 美化社群内容

社群美工需要对即将在社群中发布的文字、图片、视频等内容进行美化处理，提高内容的可读性和吸引力，包括调整图片大小、为图片添加滤镜、设计排版等。

3. 创建活动海报和宣传图

当社群举办活动时，社群美工需要设计活动海报和宣传图，吸引成员的关注和参与。这些海报应该具有吸引力、简洁明了，并能够准确传达活动的主题和关键信息。

4. 优化用户体验

社群美工需要关注用户体验，确保社群的视觉设计符合用户的阅读习惯和审美需求。美工可以通过用户反馈和数据分析来优化设计方案，提高用户的满意度和参与度。

5. 与社群运营团队合作

社群美工需要与社群运营团队密切合作，了解社群的目标和定位，为运营团队提

供视觉设计支持。美工通过与内容策划人员、社群管理人员等的密切协作，共同打造有吸引力的社群内容。

想要胜任社群美工的工作，需要具备一定的设计技能，熟练设计软件或平台（如图2-32所示剪映、秀米、可画、花瓣网等），了解设计原则和排版技巧，以及具备良好的审美和创意能力。此外，美工还需要关注社群运营的最新趋势和设计风格的变化，不断学习和提升自己的设计能力。

图2-32 设计平台

总之，社群美工在社群运营中扮演着重要的角色，他们通过精美的视觉设计为社群内容增色添彩，吸引成员的参与和关注，提升社群的活跃度和吸引力。

任务3 构建社群的基本流程

一、社群的成员聚拢

（一）社群成员入群动机分析

社群成员的入群动机多种多样，这主要取决于社群本身的性质、定位以及成员个人的需求和兴趣。以下是一些常见的社群成员的入群动机。

1. 学习提升

许多社群成员加入社群是为了获取新知识、提升技能或寻求专业指导。这类社群通常围绕特定领域或主题展开，如教育、科技、创业等。这些成员希望通过社群中的分享、讨论和互动，不断提升自己的能力和水平。

2. 社交需求

社交是人类的基本需求之一，而社群提供了一个便捷的社交平台。成员可以加入与自己兴趣、爱好或生活方式相符的社群，与志同道合的人建立联系，拓展社交圈子。

3. 宣传与推广

对于一些从事营销、品牌宣传或自媒体工作的人来说，加入社群是为了宣传自己的产品或服务，扩大影响力。这类成员可能会在社群中分享自己的产品、文章或活动信息，以吸引更多潜在客户的关注。

4. 寻求帮助与支持

有些社群成员可能遇到了一些问题或困难，他们希望能在社群中找到解决方案或得到他人的帮助与支持。这类社群通常具有较强的互助性质，成员之间会互相分享经验、提供建议和资源。

5. 共同的目标与价值观

一些社群成员加入社群是因为他们认同社群的目标和价值观。这类社群通常具有明确的宗旨和使命，致力于推动某项事业或倡导某种理念，成员希望通过参与社群活动，为实现共同目标贡献自己的力量。

6. 生活娱乐

还有一些社群成员加入社群是为了丰富自己的生活，寻找乐趣。这类社群可能涉及旅游、美食、健身、电影等各个领域，成员可以在社群中分享自己生活的点滴，参与各种有趣的活动和讨论。

总之，社群成员的入群动机是多种多样的，不同的社群和成员可能会有不同的动机和需求。了解成员的入群动机对于社群运营者来说非常重要，这是因为，了解成员的入群动机有助于社群运营者更好地满足成员的需求，从而提升社群的活跃度和凝聚力。

（二）引流吸粉

1. 初始社群成员

社群运营者需要确定和自己的社群匹配的社群成员的范围。吸纳成员时，可以从自己身边的朋友入手，让他们帮忙推荐，再以产品（有形或无形）作为和用户之间的媒介，通过产品重塑人和人之间的关系。

总之，社群经营者需要通过分析目标人群，确定目标人群的特点，进而找到有相同特点和兴趣爱好的人。

2. 吸粉策略

社区运营者需要找到社群成员并在其中发现活跃分子。可以利用各种社交平台发软文广告，在社区贴海报，做活动等线上线下双重吸粉。社群运营者可以挑选活跃用户参与反馈，以此增粉和聚集人气。

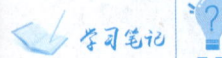

> **想一想**
>
> 社群目标人群定位对社群的建立至关重要，如果要构建一个读书群，可以通过哪些渠道快速找到社群目标人群？

（三）用户聚拢

（1）要让用户养成使用某种产品或者关注某个品牌的习惯，要让用户知道这个习惯能够给用户带来某种回报，例如每日签到礼、每日登录有礼、发帖回复奖励等。这种回报可以是精神回报，也可以是物质回报。

（2）要给用户心理上的暗示，只要让他们认为你的产品是最好的，他们自然会优先选择使用你的产品，最终形成习惯。人类进行习惯行为时，大脑基本是不思考的，因为这件事没有重新"写入"大脑的必要。

（3）要重视用户习惯的养成。习惯是一种下意识动作，通常来说，人们都会觉得不需要思考的行为方式是最自然最舒服的。根据习惯特性，可以将培养用户下意识的习惯运用到社群运营方法上来。

二、社群的价值输出

社群的价值输出是指社群能够为成员提供的实际价值或利益。一个成功的社群应该能够持续为成员提供有价值的内容、资源、服务或机会，以满足他们的需求和期望。对于用户而言，他们之所以选择加入某社群，很大原因来自这个社群提供的价值。因此，社群需要用心规划价值的输出。

（一）社群价值输出的原则

社群价值输出的原则是指在社群运营过程中，为了确保社群能够为成员提供有价值的内容和服务，需要遵循的一些基本原则。以下是社群价值输出的几个关键原则。

1. 以成员需求为导向

社群的价值输出应该以成员的需求和期望为导向，了解成员的兴趣点、痛点和需求，提供符合他们需求的内容和服务。社群运营者可以通过定期调查、互动和反馈收集，确保输出的内容与成员的需求紧密相关。

2. 提供有价值的内容

社群应该输出有价值、有深度的内容，包括专业知识、行业资讯、经验分享等。社群运营者要确保社群输出的内容的质量和专业性，避免低质量、无价值的内容充斥社群。同时，输出内容的呈现方式应该易于理解和接受，要尽力适应不同成员的阅读和学习习惯。

3. 持续性与稳定性

社群的价值输出应该保持持续性和稳定性，定期发布内容、组织活动，确保成员能够持续获得价值。社群运营者要避免由于长时间没有更新或活动，导致成员流失和社群活跃度下降的问题。

4. 互动与参与

社群的价值输出不仅仅是单向的传递，还需要鼓励成员之间的互动和参与。通过组织讨论、问答、投票等活动，可以促进成员之间的交流和分享，增强社群的凝聚力和活跃度。

5. 多样性与创新性

社群的价值输出应该保持多样性和创新性，不断探索新的内容形式、活动方式和价值输出途径，避免内容单一、重复，要保持社群的新鲜感和吸引力。

6. 与品牌建设一致性

社群的价值输出应该与社群的品牌形象和定位保持一致，体现社群的特色和核心价值。通过统一的视觉设计、语言风格和价值观，可以塑造社群的专业形象和品牌形象。

综上所述，社群价值输出的原则要求以成员需求为导向，提供有价值的内容，保持内容输出的持续性与稳定性，鼓励互动与参与，保持多样性与创新性，并与品牌形象和定位保持一致。遵循这些原则，有利于社群为成员提供有价值的内容和服务，促进社群的健康发展和成员的积极参与。

（二）社群价值输出的方向

不同的社群提供着不同的价值内容，在社群建立之初，社群运营者需要清晰地规划社群价值输出的方向，并且在经营社群和复制社群的过程中，尽量保持方向的一致性。在选择价值输出方向的时候，可以从以下几个方面入手。

1. 知识与教育价值

社群可以提供专业知识、技能培训和教育资源，帮助成员提升个人能力、拓宽视野或学习新技能。社群可以通过定期发布文章、举办讲座、开设在线课程等方式，使社群成员获取有价值的学习内容。

2. 信息共享与交流价值

社群是一个信息交流和共享的平台，成员可以发布行业动态、最新研究成果、经验分享等内容，促进信息的流通和共享；其他成员也可以通过阅读、评论、讨论等方式参与信息的交流和互动，拓宽自己的知识面和视野。

3. 网络资源与合作机会

社群可以连接不同领域、不同背景的成员，形成一个庞大的网络资源。成员可以通过社群结识同行、专家、合作伙伴等，也可以开展业务合作、项目合作或共同研发等活动。社群还可以举办线下聚会、行业研讨会等活动，为成员提供更多的合作机会和交流平台。

4. 品牌建设与推广价值

社群可以为企业或个人提供品牌建设和推广的机会。通过在社群中发布优质内

容、参与讨论、组织活动等方式，提升品牌形象和知名度，吸引潜在客户的关注和认可。社群成员之间的口碑传播和推荐是品牌推广的重要渠道。

5. 情感支持与社交价值

社群不仅是一个信息交流和学习的平台，也是一个情感支持和社交的场所。成员可以在社群中结交朋友、倾诉困惑、分享喜悦，得到他人的关心和支持。这种情感支持和社交互动可以增强成员的归属感和忠诚度，促进社群的凝聚力和发展。

综上所述，为了有效地进行社群价值输出，社群运营者需要了解成员的需求和期望，定期发布有价值的内容，组织有意义的活动，促进成员的互动和交流。同时，社群运营者还需要不断优化社群的管理和运营，提升社群的影响力和吸引力，为成员创造更多的价值。

三、可持续成长社群的发展规划

（一）制定社群规则

制定社群规则是为维护社群秩序、促进良好互动和保护成员权益而制定的一系列规则。以下是制定社群规则时需要考虑的几个关键方面。

1. 明确社群的定位与目的

社群在设立前先要明确社群的定位、主题和目的，确保所有规则都围绕社群的核心价值和目标展开。

2. 尊重与礼貌

社群成员应相互尊重，使用礼貌、得体的语言，禁止人身攻击、恶意诋毁或侮辱他人。

3. 禁止不当内容

明确规定禁止发布的内容，如色情、暴力、恶意、虚假信息、垃圾广告等。同时，鼓励发布有价值、有深度的内容。

4. 保护个人隐私

不得公开或滥用他人的个人信息，包括联系方式、地址等。

5. 禁止商业行为

根据社群定位，可能需要禁止商业推广、过度营销等行为，以保持社群的纯粹性和良好的交流氛围。

6. 版权与知识产权

明确规定不得发布侵犯版权、知识产权的内容，如未经授权的图片、音频、视频等。

7. 活动参与与互动

规定社群成员参与活动的方式、频率和互动方式，以促进社群的活跃度和凝聚力。

8. 管理与处罚

明确社群管理员的职责和权力，规定对违规行为的管理和处罚措施，如禁言、踢出社群等。同时，也要规定申诉和解除处罚的流程和条件。

9. 持续更新与改进

社群规则不是一成不变的，应根据社群的实际情况和成员反馈进行持续更新和改进，以更好地适应社群发展的需要。

10. 宣传与教育

规则制定后，要通过各种渠道进行宣传和教育，确保每个成员都了解并遵守社群规则。同时，也要鼓励成员积极举报违规行为，共同维护社群的良好秩序。

总之，制定社群规则是为了维护社群的健康发展，确保成员能够在一个友好、安全、有价值的环境中交流和互动。在制定规则时，要充分考虑社群的实际情况和成员需求，确保规则既具有约束性又具有引导性。同时，也要注重规则的宣传和教育，提高成员的规则意识和遵守意识。

（二）制定社群发展规划

制定社群发展规划是一个系统的过程，涉及对社群的定位、目标、策略、活动等方面的全面规划。可参考表2-4所示的社群发展规划表的基本框架和步骤，进行社群发展规划。

表2-4　社群发展规划

\multicolumn{2}{c}{}	
1. 社群定位与目标	
定位	明确社群的主题、领域或行业，确定社群的核心价值和特色
目标	设定短期和长期的发展目标，如成员数量、活跃度、影响力等
2. 成员分析与画像	
现有成员分析	了解社群的现有成员结构、活跃度、兴趣点等
目标成员画像	明确目标成员的特征、需求和期望
3. 内容与活动规划	
内容规划	定期发布有价值的内容，如文章、视频、音频等，满足成员的学习、交流需求
活动规划	组织线上或线下的活动，如讲座、研讨会、聚会等，促进成员的互动和社群凝聚力
4. 社群管理与运营	
规则制定	明确社群的规则、制度和管理方式，入群的门槛、收费标准和形式等
团队组建	建立专业的社群管理团队，负责内容发布、活动组织、成员管理等
数据分析	定期分析社群的运营数据，了解成员行为、活跃度等，优化运营策略
5. 合作与资源拓展	
合作伙伴	寻找与社群定位相符的合作伙伴，共同开展活动、推广等
资源拓展	拓展外部资源，如邀请行业专家、提供优惠活动等，增加社群的吸引力

续表

6. 品牌建设与推广	
品牌建设	塑造社群的品牌形象，提升品牌知名度和影响力
推广策略	制定有效的推广策略，如社交媒体宣传、合作伙伴推广等，吸引更多目标成员加入
7. 风险评估与应对	
风险评估	分析社群发展过程中可能面临的风险和挑战
应对策略	制定相应的应对策略，如优化内容质量、调整活动频率等，确保社群的稳定发展
8. 持续优化与改进	
定期评估	定期对社群的运营成果进行评估，了解优势和不足
优化改进	根据评估结果，调整社群发展策略，优化内容和活动，促进社群的持续健康发展

总之，制定社群发展规划需要综合考虑社群定位、成员需求、内容与活动、管理与运营、合作与资源拓展等多个方面。通过系统的规划和执行，可以确保社群的稳定发展，能持续为成员创造价值。

（三）搭建多维度的立体化传播体系

立体化传播体系是一种多维度、全方位、互动性的传播方式，旨在通过整合各种传播渠道和媒介，构建一个全面、多元、互动的传播网络，来实现信息的有效传递和受众的广泛覆盖，如图 2-33 所示。

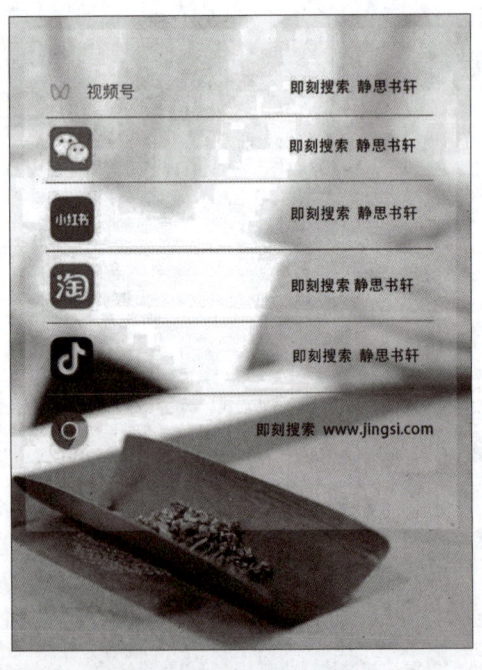

图 2-33 立体化传播

1. 立体化传播体系的特点

（1）多维度。

立体化传播体系不仅仅局限于传统的单一传播渠道，而是将各种传播渠道和媒介进行有机结合，形成一个多维度的传播网络，包括线上社交媒体、新闻媒体、博客、论坛、电子邮件、短信等，也包括线下活动如讲座、研讨会、展览等。

（2）全方位。

立体化传播体系注重从各个角度和层面进行传播，确保信息能够触达受众的各个方面，包括从内容、形式、渠道、时间等多个维度进行全方位的传播。

（3）互动性。

立体化传播体系强调与受众的互动和沟通，如通过设立留言板、调查问卷、社交媒体评论等方式收集受众的反馈，及时调整传播策略和内容。这种互动性不仅可以提升受众的参与度和黏性，还可以提高传播效果和影响力。

2. 搭建多维度的立体化传播体系

搭建多维度的立体化传播体系需要综合考虑多个方面，包括传播目标、受众特点、传播渠道、内容制作、互动反馈和数据分析等。以下是一些具体的步骤和建议，可以帮助社群运营者搭建多维度的立体化传播体系。

（1）明确传播目标和受众。

首先，需要明确社群的传播目标是什么，想要传递什么信息，目标受众是谁，并制作用户画像。了解受众的特点、需求和媒体习惯，能够更有效地制定有针对性的传播策略。

（2）选择多样化的传播渠道。

根据受众的特点和传播目标，可以选择多种传播渠道进行组合传播，可以选择将社交媒体平台、新闻媒体、博客、论坛、电子邮件、短信中的几种渠道进行组合，也可以考虑举办线下活动如讲座、研讨会、展览等，与线上活动形成互补。

（3）制作高质量的内容。

内容是传播的核心，要确保制作的内容具有吸引力、独特性和价值性。社群运营者可以通过撰写文章、发布视频、制作海报等形式呈现内容。同时，要注重内容的多样性和可分享性，以便受众能够轻松传播和分享内容。

（4）整合线上线下活动。

通过线上线下活动的整合，增加传播的互动性和趣味性。例如，社群运营者可以在社交媒体上发起话题讨论，同时在线下举办相关活动，吸引受众参与和互动。

（5）建立互动反馈机制。

鼓励受众参与讨论、提问和分享，建立互动反馈机制。社群运营者可以利用留言板、调查问卷、社交媒体评论等方式收集受众的反馈，及时调整传播策略和内容。

（6）运用数据分析优化传播。

社群运营者要善于利用数据分析工具对传播效果进行实时监控和评估。通过分析受众的行为、兴趣和偏好，优化传播策略和内容，提高传播的精准度和效果。

(7)建立长期稳定的传播机制。

传播不是一次性的活动，而是需要长期稳定的投入和运营。因此，社群运营者要建立长期稳定的传播机制，确保传播的持续性和稳定性。社群运营者可以定期制订传播计划，保持与受众的持续互动和沟通。

综上所述，搭建多维度的立体化传播体系需要综合运用多种传播渠道、媒介和方式，制作高质量的内容，建立互动反馈机制和长期稳定的传播机制。通过不断优化和调整，可以提高社群的传播效果和影响力，实现信息的有效传递和受众的广泛覆盖。

扫一扫

国内首个女性社群新型空间

能力训练

训练任务一：打造社群名片。

学生以小组为单位，搭建自己的社群，填写表2-5。

表2-5 设计社群名片的基本要素

社群目的	
社群名称	
社群口号	
社群Logo	（描述设计思路和元素即可）

任务评价

序号	评分内容	总分	教师打分	教师点评
1	设计是否有鲜明特点	25		
2	设计是否合理	25		
3	元素之间是否具有一致性	25		
4	设计是否有可操作性	25		
	总分	100		

项目二　构建可持续成长的社群

训练任务二：确立社群价值。

学生以小组为单位，为一个文化社群构建社群价值体系，填写表2-6。

表2-6　构建社群价值体系

社群成员的价值需求	
社群价值输出的方向	
社群价值的输出源	

任务评价

序号	评分内容	总分	教师打分	教师点评
1	设计是否有鲜明特点	25		
2	设计是否合理	25		
3	元素之间是否具有一致性	25		
4	设计是否有可操作性	25		
	总分	100		

项目三 社群成员的招募与管理

学习目标

知识目标

1. 了解社群成员的配置；
2. 了解社群的三大引流途径；
3. 了解如何利用微信招募社群社员；
4. 了解社群的裂变；
5. 了解如何完成社群成员的信息收集与整理；
6. 了解如何引领新成员融入社群；
7. 了解如何劝退不适合的社群成员。

技能目标

1. 掌握社群的三大引流途径；
2. 掌握利用微信招募社群社员的方法；
3. 掌握裂变涨粉的方法；
4. 掌握收集与整理社群成员的信息的方法；
5. 掌握引导新成员融入社群的方法；
6. 掌握劝退不适合的社群成员的方法。

素养目标

1. 培养学生的创新意识和创业精神；
2. 树立新媒体营销意识，培养社群营销的基本意识；
3. 培养运用所学知识满足客户对社群营销内容的需求的能力。

任务1 社群成员的配置

一、社群成员角色

一个社群包含着众多的成员。若从社群成员在社群中扮演的角色出发，社群成员主要可以分为 6 种角色：具有号召力的社群群主、负责运营的社群管理员或团队、为社群贡献内容的社群意见领袖、活跃社群气氛的社群忠实粉丝、宣传社群助力转化的社群传播者和普通成员。每一种角色都有其相应的"职责"。

（一）社群群主

社群群主通常是社群的创建者，在社群里拥有最高权限。虽然人人都可以建群，但并不是所有人都适合当群主。群主必备的一项能力是号召力。不管在什么样的社群，有号召力的群主往往给人这样的印象：志向远大、自立自强、善于沟通、谦和宽厚、知人善任、豪爽豁达。并且，群主的品行口碑会被口口相传，有影响力的群主在圈子里拥有很高的知名度，其名气甚至传至圈外。群主是社群的灵魂，广义上的群主可以是一个人，也可以是一个品牌，所有的社群组织都是围绕它出现的。独一无二的魅力是社群不可或缺的，一旦形成自身魅力，社群就会形成文化特质，并不断复制裂变，甚至产生变现。社群群主不一定要对社群进行直接的管理或维护，但他需要借助某种方式源源不断地在社群中形成影响，可以是一段演讲，可以是一款产品，也可以是一次经历，并且这种影响是其他人、其他品牌不能替代的。

（二）社群管理员及其助理

管理员需要具备的特质包括：拥有良好的自我管理能力，能够以身作则，率先遵守群规；有责任心和耐心，认真履行群管理的职责；团结友爱，遇事从容淡定，决策果断，懂得顾全大局；赏罚分明，能够灵活运用社群规则对成员的不同行为做出合理的奖惩。群管理员主要负责规划和管理社群事务，以及社群的整体运营工作。

优秀的群管理员需要具备以下 3 个层面的能力。

（1）在目标层面，能根据社群的目标规划社群的日常运营内容，设计社群的商业转化流程。

（2）在效率层面，能从"投入产出比"的角度分析各项运营活动的价值，找到使"投入产出比"较优的实现路径和具体的运营方法。

（3）在合作层面，能发现身边的各种资源，且能够整合利用各种资源，让社群的每一项工作都顺利进行。

除了管理员，大的社群还有专门负责处理日常事务的社群小助理。社群小助理的职责包括帮助群管理员发布工作任务、完成工作计划等，主要工作有信息发布、活动安排、社群媒体平台的内容编辑等，事务虽多，但并不复杂。因此，社群小助理需要具备细心、谨慎、认真等特质，且有充足的时间来处理这些琐碎的事务，如图 3-1 所示。在企业微信中，社群小助理也可以使用群机器人来协助处理一些琐碎的事务。

社群运营实务

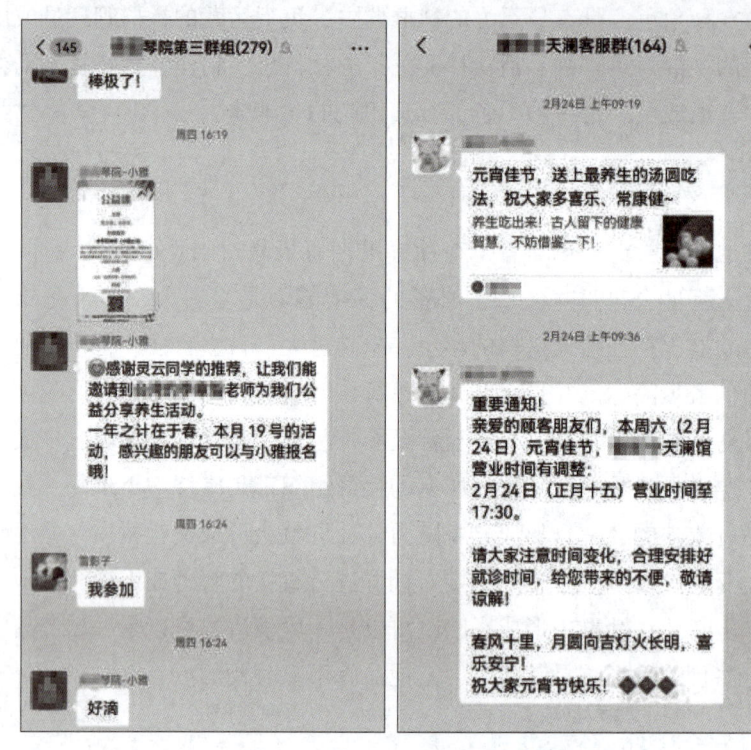

图 3-1 社群助理处理日常事务

(三) 社群意见领袖

意见领袖也叫做 KOL，英文全称是 Key Opinion Leader。社群 KOL 是为社群贡献内容的人，能通过为社群贡献有价值的内容来提升自己在社群中的影响力。在社群创建的初期，社群的群主往往承担着社群意见领袖的角色。

1. 意见领袖的必备特质

一般而言，社群 KOL 应具备以下几个特质：一是要有独特的人格魅力，或言谈幽默，或能言善辩，能给人留下深刻印象；二是要有丰富的知识储备，甚至知识储备达到专业级别，这样容易获得社群成员的信任，甚至能做到"一呼百应"；三是要有深度思考的能力，对话题能进行有逻辑的分析，甚至能引导社群成员进行深度思考。

2. 意见领袖的产生

在社群成立初期，社群内的 KOL 一般不多，可能只有一两个人。随着社群的不断发展，交流主题的多样化，社群也会自然而然地出现不同主题下的 KOL，这些 KOL 或是根据活动需要从外部引进，或是从内部发掘。当社群内有多名 KOL 时，社群运营的核心工作就是 KOL 运营，因为影响一名 KOL，就可以影响众多社群成员。

(四) 社群忠实粉丝

所谓社群忠实粉丝，他们十分认同社群的价值体系，认可群主或意见领袖，对社群有超强的忠诚，会主动维护社群形象并推荐新成员加入。同时，在日常互动中，他们也是社群活跃分子,是负责提升社群人气、活跃社群气氛的人。一个正常运营的社群需要数量足够的社群活跃分子,他们每天在社群内签到、聊天,不断分享各种有趣的话题,让整个社群呈现活跃的状态。

(五) 社群传播者

社群传播者是负责宣传社群的人。一般情况下,爱分享的人更适合做传播者。但是,社群运营并不需要刻意寻找"爱分享"的人做社群传播者,因为很多人都会主动分享美好的事物,这些分享有时是为了表达喜悦,有时是为了找到同好,有时是为了利他,有时是为了展现自己的品位等。因此,相较于刻意寻找"爱分享"的人来做社群传播者,不如输出有分享价值的内容,吸引社群成员主动在自己的私人渠道分享和宣传社群。

知识窗

"种草"是当今的流行语,是指推荐一款商品,展示其特点,以激发他人购买欲望的行为。社群中的"种草"者能够帮助社群实现商业转化。在社群内能否"种草"成功,靠的不仅仅是产品本身,还有群成员对"种草"者的人品和品位的信任度。因此,对某个领域或某些领域的产品有深入了解、容易获得他人信任的人,更适合作为特定领域产品的"种草"者。

二、社群成员的配置策略

(一) 社群成员的结构

在社群成员需要帮助的时候,有价值的社群能解决不同的问题,而这样的社群也需要许多不同专业、不同势能的人来分享不同的资源,以便解决社群成员遇到的诸多问题。因此,在招募社群成员的时候,既要接纳低势能人士,也要引入高势能人士,否则社群内的交流会停留在"浅聊""闲聊",久而久之,社群价值和活跃度就会降低。但如果社群里有势能高的人,因为这些人能以更高、更广的视角看待问题,所以一旦他们在群里持续做知识和经验的分享,社群成员会容易感到"听君一席话,胜读十年书",进而推动讨论的参与度和积极性。

总之,若社群运营者的目标是打造一个持续活跃的社群,就必须站在社群成员的角度,为社群成员创造价值。在社群成员的甄选上,要有意识地选择能提供社群价值的人;在运营上,也要倾向于让社群成员获得"有收获"的体验感。这样,社群成员会越来越多,价值越来越大。

(二) 社群成员的流动性

社群成员的流动性指的是社群成员加入、离开社群的频率和速度。流动性高意

着社群成员频繁进出，而流动性低则意味着成员相对稳定，会长期参与社群活动。社群成员的流动性受到多种因素的影响。

首先，社群的主题和定位对成员的流动性有很大影响。如果社群的主题明确，符合成员的兴趣和需求，成员更可能长期参与社群活动并保持稳定。相反，如果社群的主题模糊或与成员的兴趣不符，成员可能会选择离开。

其次，社群的管理和氛围也会影响成员的流动性。一个积极、友好、有活力的社群环境能够吸引成员长期参与。相反，如果社群管理不善，氛围消极，成员可能会选择离开。

最后，社群成员的个人因素也会影响其流动性。例如，成员的兴趣和需求可能会随时间发生变化，导致他们不再关注某个社群；或者，成员可能会由于工作、学习等原因无法继续参与社群活动。

总的来说，社群成员的流动性是一个复杂的问题，受到多种因素的影响。为了保持社群的稳定性和吸引力，社群管理者需要关注社群的主题和定位、管理和氛围以及成员的个人需求，创造一个积极、友好、有活力的社群环境。

素养园地

主流媒体"账号化"发展现状、挑战与对策

任务 2 　 社群成员的招募

一、基本引流路径

（一）线上引流

线上新媒体引流的渠道主要有微信平台的朋友圈、微信群、公众号、视频号，微博平台的微博，今日头条平台的文章和文字问答，知乎平台的文字问答，抖音等短视频平台的短视频等。这些渠道的引流方式可归纳为 4 种：短文案引流、长文案引流、短视频引流及别人的微信群引流。

1. 短文案引流

在微博和微信朋友圈发的短文案可以被看作一个免费的广告位，社群运营者可以把准备好的社群文案做成"九宫格图片+短文案"的形式在微博和微信朋友圈中展示。社群运营者不但可以在自己的微博或微信朋友圈展示社群文案，还可以让朋友转发文案到他的微博或微信朋友圈。朋友的朋友看到文案被吸引之后，就可以通过文案上的信息添加社群运营者为朋友，这样就达到了引流的效果。

2. 长文案引流

如果已经注册了跟社群相关的微信公众号、今日头条账号、知乎账号，且积累了一定的粉丝，社群运营者就可以考虑将这些账号的粉丝引流到个人微信号。社群运营者利用这些账号发布长文章时，可以在文章末尾等处留下自己的个人微信号吸引粉丝添加。

需要注意的是，不论是短文案还是长文案，在复制朋友圈文案，并在朋友圈转发的时候，微信会对被复制的文字进行折叠处理。因此，社群运营者需要借助防折叠小程序对文字进行处理之后，再把文案发布到朋友圈。否则被复制的文案，只会被展示第一行的文字，被关注的程度也会大打折扣。

3. 短视频引流

短视频引流，即通过运营抖音、快手、视频号等短视频平台的账号，用优质的内容获得用户的关注，将短视频用户转化为社群运营者的微信好友。短视频引流有 5 种方法。

（1）账号简介引流。

抖音、快手、视频号等平台的短视频账号都有一个账号简介区。社群运营者可以在账号简介区通过文字引导用户添加自己的个人微信号如图 3-2 所示。

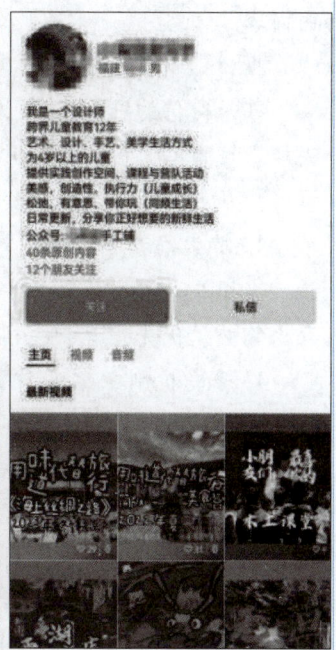

图 3-2　短视频账号的账号简介

（2）签名档引流。

签名档通过简短且利益性突出的文案引导用户添加社群运营者的个人微信号。给予用户的利益一般是优惠福利或是能满足用户刚需的内容或产品。

(3) 私信区引流。

通过视频简介、签名档等引导用户发送私信给账号，然后通过私聊的方式将其转化为个人的微信好友。

(4) 视频内容引流。

展示完短视频的核心内容后，在结尾处留下一个行动指令，通过字幕引导用户找到社群运营者的个人微信号。

(5) 评论区引流。

通过设悬念、提问题等方式引导用户查看评论，并置顶自己的评论，从而引导用户添加社群运营者的个人微信号。

在此，社群运营者要特别关注不同平台的小视频推送规则，以便利用规则对小视频进行有效传播。

知识窗

微信小视频的推送规则主要涉及社交推荐、个性化定位推荐、搜索推荐、赛马机制以及时间推送规则等方面。

1. 社交推荐

根据用户的好友发布、点赞、关注、评论、转发等行为，微信视频号会为用户优先推荐相关视频。这种机制能使用户更容易接触到自己社交圈内流行的或自己感兴趣的内容。

2. 个性化定位推荐

基于微信的社交生态，每个用户都会被打上多种标签，例如性别、年龄、职业、兴趣、城市等。微信视频号会根据这些标签从内容库中匹配用户可能喜欢的视频进行推荐，从而实现个性化推送。

3. 搜索推荐

当用户通过微信"搜一搜"功能进行关键词搜索时，系统会根据视频的点赞、评论等数据优先推荐相关视频。这意味着优质内容在搜索环节会有更多的曝光机会。

4. 赛马机制

这是一种基于视频表现进行推荐的机制。当视频数据与同类型视频相比表现较好时（如观看量、点赞数、转发量等），系统会将该视频推送到更大的流量池，使其获得更多曝光。

5. 时间推送规则

微信视频号在作品发布后的一段时间内（如3小时、6小时、18小时、24小时等）会进行多次推送。这种规则有助于保证新发布的内容能够在短时间内获得足够的关注。

此外，微信视频号的推荐算法还会综合考虑内容的质量、时效性和用户行为反馈等因素。例如，画面清晰、声音流畅、内容新颖有趣的视频更容易获得推荐；同时，用户的行为反馈如点赞、评论和分享等也会影响推荐结果，这可能会导致内容被重复推荐或推荐频率降低。

总的来说,微信小视频的推送规则是一个复杂而精细的系统,其旨在根据用户需求和喜好提供个性化的内容推荐。

4. 别人的微信群引流

一个微信群中少则几十人,多则数百人,别人的微信群是一个非常好的添加微信好友的入口。通过别人的微信群添加微信好友有两步操作:首先,社群运营者需要通过各种渠道找到这些目标用户聚集的微信群;接着,在微信群内与目标用户建立深度连接,然后将他们添加为自己的微信好友。

一般而言,找微信群并不难,因为活跃的微信群往往在各大平台都设有自己的官方账号,如官方微博、微信公众号、头条号等。社群运营者可以根据某些文章找到对应的官方账号,然后申请入群。微信群引流有一大优势,那就是相对精准。因为大多数社群都是基于某一共同的兴趣、关系、特征而建立的。社群运营者可以根据群定位有选择性地进群。

与微信群引流操作相似的还有 QQ 群引流。与微信群不同的是,QQ 群是可以被搜索到的,社群运营者可以通过搜索 QQ 群来寻找目标人群所在的社群。此外,一些高质量、高活跃度的 QQ 群往往也会建立自己的微信群,这就为社群运营者提供了一种通过 QQ 群找到微信群的路径。

(二)线下引流

相比线上引流,线下引流具有其独特的优势,线下活动为成员们提供了面对面交流的机会,拉近了成员与群主的距离,有助于建立成员们之间的信任。线下活动不仅可以吸引当地的潜在客户,还可以通过媒体报道、社交媒体分享等方式触达更广泛的受众。此外,线下活动还可以与其他营销手段(如线上广告、宣传册等)相结合,形成立体化的营销网络。对于某些类型的目标人群,社群运营者可以通过活动,促使他们添加社群运营者的个人微信号,或者直接加入社群。

1. 定期的沙龙或主题活动

定期的沙龙或主题活动是一种非常有效的线下引流方式,它可以帮助社群吸引潜在成员,增强社群影响力,并与参与者建立长期的关系。定期的意义在于形成规律,例如在每周固定的时间举办活动,固定的活动时间有利于参与人提前规划时间,或者在固定时间邀约新人参与活动。成功举办线下活动需要做以下准备。

(1)设置参与门槛。

(2)为沙龙活动设定明确的主题。

(3)活动方式要多向互动。

(4)制定活动流程并彩排(另需准备 B 方案)。

(5)为成员制造小惊喜。

(6)线下沙龙完成后需复盘(总结经验,越办越好)。

2. 不定期的高质量线下活动

高质量,是站在社群成员的角度评定的。高质量的活动需要为社群成员提供有价值、有深度的内容和吸引人的形式，如图 3-3 所示。高质量的线下活动可以有多种形式，如邀请行业专家进行分享、组织富有创意的互动环节、提供实用的资源或工具等。优质的内容和形式能够吸引参与者的注意，提升他们的参与体验。举办一场高质量的线下活动，需要考虑以下几个方面的问题。

（1）做好整体规划。

（2）确定活动主题，保证内容品质。

（3）做好活动宣传。

（4）与合作方的配合。

（5）做好场地安排。

（6）总结汇总，及时做好复盘。

（7）用线下内容作为线上传播的引爆点。

图 3-3　线下活动海报

二、社群成员或好友引流

（一）社群成员转介绍

社群成员转介绍引流，即通过已入群的社群成员的推荐吸引更多人加入社群。为了实现转介绍引流，一些社群会设置"邀新福利"，社群成员推荐新人入群会获得很多福利，如图3-4所示。通过社群成员转介绍招募成员的好处简单归纳如下。

（1）推荐人可以向被推荐人解释社群的作用，让想要入群的人先对社群有所了解，避免盲目入群退群的情况。

（2）推荐人和被推荐人在一个社群里，推荐人在被推荐人发言时能积极回应和互动，避免出现新人入群发现自己讲话没有人理会的冷场效应。

（3）由于被推荐人与推荐人有情感层面的连接，所以降低了其入群后不久就退群的可能性。

（4）最重要的是，这种模式有利于寻找合适的社群成员——当确定了社群成员结构之后，推荐者就可以找出符合要求的社群成员。

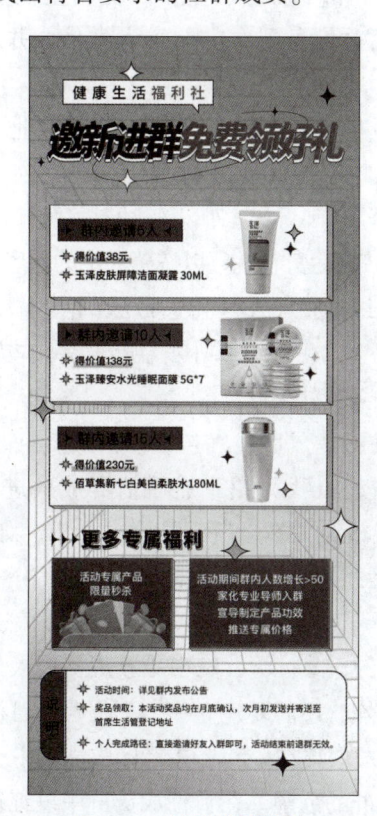

图3-4 社群成员引流

（二）通过微信获取社群成员

1. 为微信好友分类

对已经添加的微信好友按目标人群的条件进行备注，然后进行标签化分类。这一步骤可以在对方申请添加微信好友时，通过在备注栏中加上职业、城市等信息来完成。通过对微信好友的个人情况、兴趣偏好、日常状态等信息的分析，可以为后续开展个性化的朋友圈营销活动提供有效的数据支撑。

2. 通过朋友圈互动引起社群目标成员的注意

朋友圈互动就是通过朋友圈的提醒功能与目标成员进行互动，但是不能互动得过

于频繁，除非社群运营者确定要宣传的社群主题就是目标成员想要的，或者社群要告诉他们的干货正是他们需要的。

朋友圈互动有3个小技巧。

（1）对于普通的目标成员，社群运营者可以发送与社群主题相关的干货、活动信息、培训信息、励志句子、笑话等内容并提醒他们查看。由于朋友圈的提醒功能每次只允许提醒10个人看，而目标成员比较多，社群运营者就需要将目标成员分组，轮流"部分可见"，以免让大家看到同一条动态"刷屏"。

（2）对于筛选出来的特别重要的目标成员，社群运营者需要看完他们的个人朋友圈，大致分析他们的个性化信息需求。例如，分析他们可能关注哪些方面的信息，然后定期或不定期地推送相关信息到对方的个人微信，并跟对方说"我看到这些信息，感觉可能是你需要的"，以建立感情。

（3）对于所有的目标成员，社群运营者都需要不时地去他们朋友圈的动态下点赞和评论，通过这样的互动拉近彼此的关系。

3. 建立过渡性质的小群

在筛选出意向成员后，社群运营者就可以按照评论的顺序（评论的顺序在某种程度上反映了对方的积极程度），分组建立人数不超过40人的小型微信群进行互动测试。这些小群只是过渡群，可以随时按需建立，且这些小群在运营一段较短的时间后，即可解散。

建立互动测试群需要注意以下3点。

（1）社群运营者可以在群建成后发红包，以活跃气氛。

（2）社群运营者要先进行自我介绍，然后请群成员进行自我介绍。社群运营者要在对方的自我介绍中，观察对方是否符合社群的要求，如果符合，就立即备注。

（3）社群运营者介绍正式社群，并发出入群邀请。

4. 建立目标成员群

对于需要付费才能加入的正式社群，在引导新成员进入正式社群前，需要建立两个过渡群——除了测试小群之外，还需要建立一个不收费的目标成员群。目标成员群就是要把所有符合条件的微信好友聚集在一起。在目标成员群中，社群运营者应多用"红包策略"激发他们加入正式社群的欲望。在目标成员群中发红包的策略有以下几种。

（1）每次发红包的个数在社群人数的30%以内。

（2）发3次红包。第一次发红包是为了感谢相识，第二次发红包是为了引出自我介绍，第三次发红包是为了邀请他们加入正式社群。

（3）之后发红包主要是为了邀请目标成员参与活动。

三、社群的裂变"涨粉"设计

（一）种子用户

种子用户是指在产品或服务的早期阶段，那些对产品或服务充满热情、积极尝试并愿意分享的用户。这些用户通常是在产品或服务开发初期通过各种渠道吸引到的第一批用户，他们对于产品或服务的反馈和意见对于产品或服务的成长和迭代具有重要影响。种子用户一般具有开放冒险的精神、创新的意识，能够容忍新产品的不完美，并拥抱变化。他们对待创新事物时存在着领先于主流大众的倾向，并愿意为产品的改进提供宝贵意见。此外，种子用户还可能是产品重度使用者，无论产品功能是否完善，他们都愿意去体验，并愿意为产品功能的优化提供反馈和建议。利用种子用户裂变"涨粉"的步骤如下。

1. 精准定位种子用户

先确定目标用户群体，再定位种子用户。社群运营者应选择那些对社群有高度兴趣、积极参与并愿意分享的用户作为种子用户，可以通过定向邀请、内测体验等方式吸引这些用户加入。

2. 提供有价值的内容和服务

确保提供的内容或服务能够满足种子用户的需求，并超出他们的期望。社群运营者要定期发布新的内容或服务，保持用户的活跃度和黏性。

3. 激励种子用户分享

设立明确的奖励机制，如积分、优惠券或独家福利，鼓励种子用户分享社群的内容或服务给他们的社交网络。社群运营者要让社群的内容或服务成为种子用户社交货币的一部分，以提升社群的社交地位和影响力。

综上所述，通过种子用户实现"涨粉"的策略，关键在于精准定位、有效激励以及充分利用种子用户的社交网络。需要注意的是，每个社群的具体情况不同，因此需要根据实际情况灵活调整策略。

（二）社群福利

福利是促使目标用户行动的关键，有时福利甚至比海报标题、海报核心内容的作用更大。对于付费社群来说，福利多是与原价有较大差别的优惠价，这些福利也是促使目标用户加入付费社群的关键因素。免费社群也可以用一些有实用价值的虚拟产品作为福利，如扫码即送超 1 000 页的 PPT 资料等。福利除了要体现社群的价值外，还要突出其紧迫性、稀缺性，以激发目标用户的"损失厌恶"心理，促使其快速行动。要通过社群福利"涨粉"，社群运营者可以采取以下策略。

1. 确定目标受众

首先明确社群的定位和目标受众，以便针对目标受众的需求和兴趣设计相应的福利。

2. 设计有吸引力的福利

福利可以是物质性的，如红包、小礼品、优惠券等；也可以是非物质性的，如知识分享、专业指导、独家资源等。社群运营者要确保福利与社群的主题相关，且对目标受众有价值。

3. 制定福利发放规则

明确福利的发放条件、时间和方式。例如，社群运营者可以设置新成员加入社群

后即可获得某项福利，或者成员在社群内完成特定任务后可以兑换福利。

4. 宣传推广

社群运营者要在社群内定期发布福利信息，提醒成员关注并参与，同时利用其他社交媒体平台、论坛或线下活动等渠道宣传社群和福利，吸引更多人加入。

5. 互动与反馈

设置分享奖励机制，鼓励成员将社群和福利分享给他们的朋友或社交媒体上的粉丝。社群运营者要定期收集成员对福利的反馈意见，以便及时调整和优化福利策略。

6. 持续更新与迭代

根据成员需求和市场变化，社群运营者要不断更新和丰富福利内容，保持社群的吸引力和活力。

除此以外，社群福利"涨粉"可以与其他"涨粉"策略相结合，如输出优质内容、定期举办活动等，同时，还要注意保持社群的活跃度和黏性，为成员提供持续的价值和服务，共同推动社群粉丝数量的增长。通过这些策略，有效地利用社群福利吸引更多潜在用户加入社群，从而实现"涨粉"目标。

（三）分享裂变

分享引导的设计主要要考虑三个方面的内容：分享渠道、分享工具和分享内容。

1. 分享的渠道

裂变活动的分享渠道一般有 5 种：社群运营者的朋友圈、种子用户的朋友圈、付费投放的相关社群、付费投放的相关新媒体账号、群内分享。社群运营者的朋友圈和种子用户的朋友圈在裂变活动中一般能很快地被利用起来。然而，对于付费投放的相关社群和付费投放的相关新媒体账号，很多社群运营者可能会认为操作麻烦或不好评估效果而不愿意使用。其实，只要找到与目标用户相匹配的社群与新媒体账号，即可与其主理人约定按照效果付费，例如借助一些分享工具设计一张活动海报，并利用他们的社群或新媒体账号做推荐，再通过该分享工具统计此海报带来的用户数量，活动结束时，按约定进行付费即可。

2. 分享的工具

分享工具的选择主要取决于该工具是否具备分销系统、活码系统、消息推送（欢迎语）、关键词回复（任务审核）、奖励自动发放、数据统计等功能。只要是具备这几项功能的工具，都可用来做分享工具。

在当今的市场上，拥有这些功能的工具有进群宝、八爪鱼增长专家、微友助手、有机云、小裂变、媒想到等，社群运营者可以根据裂变需求和预算，选择合适的分享工具。

3. 分享的内容

在朋友圈或者核心销售群里可以分享统一的话术、图文、Q&A，朋友圈展示的生活状态也应与这些话术统一调性。文案、海报和小视频是非常重要的"吸粉"桥梁，图文可以用于发朋友圈，也可以用于海报的制作。

分享裂变是一种创新的营销方式，它利用社交网络，特别是微信等平台的分享机制，让用户将营销信息传播给更多的人群。这种方式通过用户之间的互相分享，使产品信息或服务得到大范围的扩散和推广，从而实现消费者数量的指数级增长。分享裂变的核心在于裂变效应，即通过一个用户的分享，可以触发多个新用户的关注和参与，这些新用户又会进一步分享，形成裂变式的传播。以下是一些实施分享裂变的具体步骤和要点。

　　（1）确定分享内容。分享的内容可以是社群运营者的产品、服务、文章、视频等，要确保分享的内容有吸引力和价值，能够引起用户的兴趣和关注。

　　（2）设定分享目标。要明确希望通过分享裂变达到的目标，是增加社群的曝光度、吸引更多潜在客户、促进产品销售，还是提升网站流量？设定明确的目标有助于社群运营者更好地制定和执行分享裂变策略。

　　（3）制定分享机制。制定一种简单易懂且能够激发用户分享欲的机制。例如，社群运营者可以制定优惠券、积分、折扣等奖励措施，鼓励用户将社群的内容分享到他们的社交网络；同时要确保分享过程尽可能简便，降低用户的参与门槛。

　　（4）优化分享渠道。选择合适的分享渠道对于裂变效果至关重要。微信、微博、抖音等社交媒体平台都是热门的分享渠道。社群运营者可以根据目标受众的喜好和习惯，选择最适合的渠道进行推广；也可以利用多个渠道进行协同推广，扩大影响力。

　　（5）设计吸引人的标题和文案。一个吸引人的标题和文案能够大大提高用户点击和分享的概率。简洁明了、有趣且富有创意的标题，能够准确传达内容的核心信息；文案部分可以进一步阐述内容的价值和亮点，激发用户的兴趣和好奇心。

　　（6）跟踪和分析数据。在实施分享裂变策略后，密切跟踪和分析相关数据至关重要。通过监测分享次数、点击率、转化率等指标，社群运营者可以了解策略的执行效果，及时发现并调整存在的问题。同时，这些数据还可以为社群运营者提供宝贵的用户行为洞察，帮助社群运营者更好地优化未来的营销活动。

　　（7）持续迭代和优化。分享裂变是一个持续优化的过程。根据数据分析的结果，社群运营者可以不断在分享内容、机制、渠道等方面进行调整和改进，以提高裂变效果。同时，社群运营者要保持对市场动态和用户需求的关注，及时调整策略，适应变化的环境。

　　总之，分享裂变是一种强大的营销策略，通过充分利用用户的社交网络进行传播和推广，可以实现低成本、高效率的营销目标。成功实施分享裂变策略需要精心策划和执行，并持续跟踪和优化效果。

（四）沟通技巧

　　通过群发信息、测试小群和朋友圈互动，社群运营者和目标成员逐渐从弱关系发展为强关系，接下来社群运营者就可以与成员一对一进行深入的信息沟通，按需向目标成员推荐合适的社群产品。此时的一对一沟通需按照以下策略有序进行。

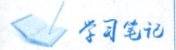

1. 破冰私聊，建立信任

破冰私聊可以理解为打破陌生感的私聊。破冰私聊的方法如下。

（1）主动介绍自己的职业、特长、社交圈子、成绩等，让对方意识到社群运营者可以给他带来的价值。

（2）提出简单易答的封闭式问题，让对方能在毫无压力的情况下简单地回答问题。聊天话题可以选择双方的共同点，拉近双方之间的心理距离。

（3）应根据已经了解的信息，时不时地赞美对方，如称赞其孩子聪敏、英俊、可爱、学习好等，以增加对方的聊天乐趣，从而加强对方的交谈意愿。

2. 深聊背景，了解需求

深聊背景分为聊基本情况、聊相关经历和聊个人愿景3个层面的聊天，这些聊天内容有助于社群运营者明确对方的入群需求。

（1）聊基本情况。例如，聊对方在什么样的城市，以确定对方的消费需求；聊对方的职业和家庭成员，以分析对方的可支配收入和购买力。

（2）聊相关经历。主要是聊跟社群主题相关的经历。例如，在线课程类社群的社群运营者可以询问对方是否加入过类似的社群、为什么加入、体验如何等。这些聊天内容可以帮助社群运营者了解对方的入群需求。

（3）聊个人愿景。主要是聊跟社群主题相关的个人愿景。例如接下来有什么样的学习打算？是否打算加入一些社群来拓展知识面和人脉？这些聊天内容可以帮助社群运营者制定合适的介绍策略。

3. 根据对方情况推荐相应的社群产品

在充分了解目标成员的需求后，社群运营者就可以根据所了解的信息，为目标成员推荐能够满足其需求的社群产品。不同的社群应配置不同价位的产品，来满足不同需求的目标成员。在得到目标成员的认可，并引导其完成相应的付费后，社群运营者就可以将其拉入相应的社群。如此，社群的导流环节才算完成。

> 想一想
>
> 设计社区线下活动的海报时需要突出哪些元素？

四、海报图文

种子用户将海报及文案转发到朋友圈后，如果海报的吸引力不够，其好友可能会在看到海报的1秒内就随手划过，这样海报可能就无法起到裂变作用了。如果海报及文案有足够的吸引力，翻看其朋友圈的好友可能会多停留2~3秒，同时判断自己是否感兴趣，如果感兴趣，他可能会再花点时间去海报上找其他信息，再做出判断。这个过程可能耗时不会超过1分钟。

（一）海报图文的制作

制作海报图文需要注意以下几个方面的问题。

1. 海报标题

海报标题有 4 种类型：痛点型、权威型、获得型和速成型。

（1）痛点型标题的结构：描述痛点问题+解决方案。

（2）权威型标题的结构：名人头衔+热点型内容。

（3）获得型标题的结构：某方面获得+解决方案。

（4）速成型标题的结构：痛点问题+时间+效果。

2. 核心人物介绍

核心人物板块需要有核心人物的文字介绍和真实照片。文字介绍主要是介绍个人标签，一般而言，个人标签越响亮，人物就越有说服力。真实照片则可以让目标用户觉得这个活动有情感、有温度，而不是冷冰冰的一个活动，更容易让目标用户产生信任感，也更容易吸引目标用户的目光。

3. 核心内容介绍

有的活动比较复杂，需要明确展示具体有什么内容，能给目标用户带来什么价值。例如，"在线课程"海报的核心内容板块可以展示课程大纲或罗列有吸引力的亮点，以便让用户看到课程的价值。

4. 价值背书

价值背书可以增强目标用户对社群价值的认同感。价值背书主要有以下 3 种类型。

（1）权威背书，即由权威机构推荐的行业标准认证。

（2）名人背书，即获得了高知名度人士的推荐。

（3）数据背书，即取得了什么样的数据。

海报是决定裂变活动效果的主要因素，社群运营者需要重视海报的设计。海报的设计需要考虑海报标题、核心人物介绍、核心内容介绍、价值背书、福利及二维码等内容。海报中少不了二维码，二维码一般是与产品价格放在一起的，位于海报的左下角或右下角，旁边往往还有一句富有行动召唤力的文案，如"立即扫码""先到先得""抢最后席位"等。

（二）海报图文的投放

海报投放是一种广告推广方式，主要通过在特定位置张贴或展示海报来吸引目标受众的注意。这种推广方式广泛应用于商业、文化、教育等领域。在海报投放过程中，需要考虑投放位置、目标受众、内容设计等因素。投放位置需要根据目标受众的活动范围和习惯来选择，例如在商场、学校、社区等地方张贴海报；目标受众则需要根据产品或服务的定位来确定；内容设计则需要考虑海报的视觉效果、文字说明、色彩搭配等因素，海报要能吸引目标受众的眼球并传达信息。除了传统的海报张贴方式，现在也可以通过数字媒体进行海报投放，例如在社交媒体、网站、App 等平台上展示海报。数字海报投放具有更高的灵活性和可追踪性，社群运营者可以根据数据分析调整投放策略，提高广告效果。

海报投放是一种有效的广告推广方式，投放时需要根据具体情况选择合适的投放位置、目标受众和内容设计，以达到最佳的广告效果。在网络平台投放海报引流时，也需要结合目标受众、内容设计、平台选择等多个因素来制定策略，需要注意以下几个方面。

1. 确定目标受众

首先，你需要明确你的目标受众是谁，要了解他们的年龄、性别、兴趣爱好、消费习惯等信息。这有助于你选择合适的投放平台和内容设计。

2. 设计优质海报

海报的设计要吸引人，色彩搭配要和谐，文字要简洁明了，同时要能够突出产品或服务的卖点。在设计中可以运用一些心理学原理，如对比、色彩搭配等，来吸引目标受众的注意力。

3. 选择合适的平台

根据目标受众的特点，选择适合的平台进行投放。例如，如果你的目标受众主要是年轻人，那么可以选择在社交媒体平台上投放；如果你的目标受众是某个特定行业的专业人士，那么可以选择在该行业的专业网站或论坛上投放。

4. 制订投放计划

根据预算和投放目的，制订合适的投放计划。社群运营者可以选择定期投放，也可以选择在特定时间段进行集中投放。同时，要注意投放的频率和数量，避免过于频繁或过少。

5. 监测和优化

在投放过程中，要密切关注投放效果，包括曝光量、点击率、转化率等指标。根据数据分析结果，社群运营者应及时调整投放策略，优化海报设计和平台选择，以提高引流效果。

6. 引导用户互动

可以在海报中加入一些互动元素，如二维码、链接等，引导用户进行互动和分享。同时，也可以设置一些奖励机制，如优惠券、积分等，鼓励用户参与和分享。

总之，网络平台投放海报引流需要综合考虑多个因素，包括目标受众、内容设计、平台选择、投放计划、监测优化等。通过制定科学的策略和不断优化调整，可以提高引流效果，吸引更多潜在用户。

素养园地

大学生作为新时代的青年，要有高尚的道德和伦理观念，做到讲真话、做实事、护公益、守法律、强信仰，严守社会公德、职业道德、家庭美德及个人品德等方面的要求，自觉遵守社会规范，积极践行社会主义核心价值观。

任务3　社群成员的管理

一、社群成员入群流程

（一）入群门槛

社群的入群门槛是指加入该社群所需满足的条件或标准。设置入群门槛的目的是保证社群的质量和活跃度，筛选出真正对社群主题感兴趣并愿意参与的成员。入群门槛可以根据社群的定位和需求进行设置，常见的有以下几种类型。

1. 邀请制

由现有成员推荐，现有成员对推荐进来的新成员比较了解，能保证新成员属于符合社群的用户群体，能节约筛选的时间和成本。新成员因与推荐他的这位朋友的感情基础，能够很快地适应社群，对社群的黏性也比较大。邀请人为社群的壮大投入了时间和精力，无形之中提高了社群成员的参与感，进而增加了社群成员的黏性。

2. 申请制

这种入群方式像申请工作一样，先向社群管理者提出入群申请，经过社群管理者的审核，符合要求后方可入群。

3. 付费制

新成员需要缴纳一定的费用才能加入社群，这种方式可以筛选出真正有意愿和能力的成员，并可以为社群提供稳定的资金来源。

4. 审核制

申请人需要提交申请并经过审核才能加入，审核标准可以包括个人信息、兴趣爱好、职业背景等，以确保新成员与社群主题的匹配度。

5. 任务制

申请人需要完成一定的任务或达到一定的要求才能加入，这种方式可以激发成员参与社群活动的热情，也可以筛选出真正有实力和意愿的成员。

总之，合理的入群门槛可以提高社群的质量和活跃度，为社群的长期发展奠定良好的基础。

（二）入群规则

社群的入群规则是指加入该社群后需要遵守的一些规定和约定。这些规则旨在维护社群的秩序和活跃度，确保成员能够有一个良好的交流环境。以下是一些常见的入群规则。

1. 欢迎语和介绍

新成员加入时，通常需要发送一条欢迎语和自我介绍，以便其他成员了解他们的

背景和兴趣。

2. 尊重他人

社群成员应该尊重其他成员的观点和意见，避免发表攻击性、侮辱性或歧视性的言论。

3. 禁止广告和垃圾信息

社群通常禁止发布与社群主题无关的广告和垃圾信息，以保持社群的清洁和专注。

4. 禁止恶意行为

恶意行为包括刷屏、恶意攻击、挑衅、谩骂等行为，这些行为会破坏社群的氛围和秩序。

5. 积极参与讨论

鼓励成员积极参与讨论，分享自己的观点和经验，但也要求在讨论中保持礼貌和理性。

6. 遵守法律法规

社群成员需要遵守当地的法律法规，不得发布违法信息或进行违法活动。

7. 禁止私下交易

除非得到社群管理员的明确许可，否则禁止在社群内进行任何形式的私下交易。

8. 保持活跃

鼓励成员保持一定的活跃度，长期不参与讨论或活动的成员可能会被提醒或移除。

这些规则可以根据社群的定位和需求进行调整和补充。制定明确的入群规则有助于维护社群的秩序和活跃度，促进成员之间的友好交流。同时，社群管理员也需要定期检查和执行这些规则，确保社群的正常运转。

（三）入群仪式

社群入群仪式是指新成员加入社群时的一系列活动和流程，旨在增强新成员的归属感、参与感和忠诚度，也有助于提升社群的活跃度和凝聚力。以下是一个典型的社群入群仪式的步骤和要点。

1. 欢迎信息

（1）私人欢迎。当有新成员加入时，社群管理员或某个指定的成员可以发送私人消息，向新成员表示欢迎，并简单介绍社群的基本情况。

（2）公开欢迎。在社群的公共区域（如群聊、论坛等）发布欢迎信息，让其他成员知道有新成员的加入，并鼓励大家向新成员表示欢迎。

2. 新人介绍

（1）自我介绍。鼓励新成员进行自我介绍，包括姓名、职业、兴趣爱好等信息，以便其他成员更好地了解他们。

（2）亮点展示。如果可能的话，可以让新成员分享他们的特长、成就或加入社群的原因，这有助于增强他们的存在感和自信心。

3. 规则说明

（1）社群规则。向新成员详细介绍社群的规则，包括言行规范、禁止事项、处罚措施等，确保他们了解并会遵守社群的规定。

（2）常见问题解答。提供一份常见问题解答（FAQ），解答新成员可能遇到的常见问题，如如何发帖、如何参与活动等。

4. 任务或挑战

（1）新人任务。为新成员设置一些简单的任务，如参与某个话题的讨论、分享一篇与社群主题相关的文章等，帮助他们更快地融入社群。

（2）挑战活动。定期组织一些挑战活动，鼓励新成员和其他成员一起参与，如写作挑战、运动挑战等，增强社群的互动性和凝聚力。

5. 奖励与认可

（1）新人奖励。为新成员提供一些小奖励，如优惠券、积分、小礼品等，作为他们加入社群的鼓励。

（2）贡献认可。当新成员在社群中做出积极贡献时，社群应及时给予认可和奖励，激励他们继续为社群贡献力量。

6. 定期回顾与互动

（1）新人回顾。定期回顾新成员的加入情况和他们的贡献，让其他成员了解新成员的动态。

（2）互动交流。定期组织成员间的互动交流活动，如线上研讨会、线下见面会等，加深成员间的了解和友谊。

通过精心设计的入群仪式，新成员可以感受到社群的温暖和活力，从而更加积极地参与到社群的活动中来。入群仪式也是提升社群品牌形象和吸引力的重要手段之一。

二、社群成员的日常管理

（一）交流规则

1. 设定日常交流规则

设定社群日常交流规则是为了保障社群成员之间的有效沟通和良好互动。在设定社群的交流规则时，务必确保规则简洁明了、易于理解，并且要在社群内进行充分的宣传和解释，以确保每个成员都能够遵守和执行。同时，要保持开放和包容的态度，鼓励成员对规则提出改进或补充的建议，共同推动社群的发展和进步。

明确社群的宗旨和目标，有助于确定哪些交流内容是与社群主题相关的。社群成员应该清楚了解社群的主题或领域，以便在讨论和交流时保持相关性。社群管理员有责任对社群进行管理和维护，确保交流规则的执行和社群的健康发展；确保成员在社

群中的行为需遵守当地的法律法规，不得发布违法、违规或不良信息；尊重他人的知识产权和隐私权，不得未经允许擅自转载或泄露他人的作品或个人信息。

2. 设定专门的"灌水时间"

为了让社群更具生活气息，保持一定的活跃度，可以为群成员设定专门的"灌水时间"。比如早上9:00之前聊聊天气、心情等，因为这个时候大多数人还没有上班，或者是在上班的路上，这些话题可以舒缓大家的心情；中午12:00—13:00的休息时间也可以发发牢骚，舒缓一下工作一上午的压力；晚上18:00—20:00下班之后，可以聊聊一天的工作收获。

3. 设定专门的广告时间

为了平衡社群发展与群成员诉求之间的矛盾，可以在社群中专门设定一个"广告时间"，每周拿出半天的时间允许群成员发布广告内容，但是需要做出明确说明——想进行咨询的须单独与发广告者联系，不能在社群内交流商业信息，否则将会受到惩罚。

（二）分享规则

社群分享规则是为了确保社群内信息的有效传递、成员之间的良好互动以及社群的健康发展而设定的。以下是一些常见的社群分享规则。

1. 尊重他人

在社群中发言时，应保持礼貌和尊重，避免使用攻击性、侮辱性或歧视性的语言。尊重每个成员的观点和意见，即使你有不同看法，也请保持平和的态度进行讨论。

2. 内容相关性

成员分享的内容应与社群的主题或宗旨相关，应避免发布与社群主题无关的信息或广告。这样可以确保社群的信息质量和成员的参与度。

3. 避免过度推销

在社群中，不建议过度推销自己的产品或服务。如果确实需要推广，请确保内容与社群主题相关，并且以有价值的方式呈现，避免给成员带来困扰。

4. 原创与版权

成员分享的内容应尽量为原创或已获得版权许可。如需转载他人的内容，请注明出处并尊重原作者的权益。

5. 避免刷屏

连续发布大量信息或重复发布相同内容可能导致刷屏，影响其他成员的阅读和交流。请适量发布信息，确保信息的质量和价值。

6. 遵守法律法规

在社群中的行为需遵守当地的法律法规，不得发布违法、违规或不良信息。

7. 积极参与

鼓励成员积极参与社群的讨论和分享，为社群的发展贡献自己的力量。同时，也可以通过参与活动、提出建议等方式增进成员之间的互动。

总之，规则并非一成不变的，可以根据社群的实际情况和需要进行调整。同时，社群管理员也有责任对社群进行管理和维护，确保规则的执行和社群的健康发展。

（三）奖惩规则

为了社群的更好发展，需要设定奖励机制，如图3-5所示。某些群成员做出的突出贡献多是"机动事件"，可遇不可求，并且涉及的人数较少。为了形成更加广泛的奖励机制，让所有群成员都有一种"荣誉感"，社群运营者可以建立签到奖励机制。例如，连续签到15天可获得5元优惠券，连续签到30天可获得线下活动参与资格，连续签到半年可获得会员升级资格等。群成员养成每天签到的习惯，不仅能促使社群定期更新奖励机制，还加深了社群在群成员心中的存在感。除了奖励机制，还要有惩罚机制。常见的惩罚机制有小窗提醒、私下单独警告、短暂禁言警告、公开惩罚和直接踢群等。

图3-5 社群奖励规则

（四）淘汰规则

招募社群成员并不容易，劝退社群成员时应理性且谨慎。那么，社群运营者应该劝退什么样的社群成员呢？

1. 不认可社群价值观

当社群成员不认同社群的价值观时，他在社群内会感到不适，更提不上归属感了。因此，一旦确定了社群价值观，社群运营者就需要把它作为筛选器，把不认同社

群价值观的社群成员移出群，以免勉强相处而伤和气。

当然，社群的价值观应该是正向的、积极的、健康的。这样的价值观才会得到大多数社群成员的拥护，才会对大多数社群成员和社群的发展有利。

2. 无助于社群价值创造

社群的集体能量是在持续的付出与索取的互动中源源不断地被创造出来的。如果有人总是在社群内索取，那么等他索取够了，发现社群内没有价值可供他再索取时，他就会离开；相反地，如果有人希望在社群内成长，他一直在社群内无偿分享知识但得不到回馈，那么，他可能会感觉自己一直在被消耗，没有进步，觉得社群对于自己的成长没有什么帮助，就会及时止损，选择退群。因此，社群应倡导相互分享、彼此成就，提倡让价值索取者相应地付出，让价值分享者也能获得成长，否则，社群内的资源将会被消耗殆尽，社群也就不复存在了。

3. 定期清理无价值、负价值的社群成员

在某种意义上，对于社群来说，社群成员的数量远不如社群成员的质量重要。因此，社群运营者要想方设法留下高价值的社群成员，管理其他价值水平的社群成员。对于不同价值的社群成员，社群运营者可以采取以下几种应对方式。

（1）长期"潜水"、不说话、不参加活动也没有转化的社群成员，可以判定为无价值社群成员，可以考虑劝退。

（2）有发表低价值话题、在社群内争吵、对他人进行恶意的人身攻击、聊天内容含有违禁语言、讨论违禁话题、发送广告、恶意"刷屏"、发送不雅文字或图片等违反社群规则的行为的社群成员，可以判定为负价值社群成员，一旦出现，直接清退。

（3）有一定活跃度，但可能比较难转化的社群成员属于低价值社群成员。这些成员可能不能直接为社群带来利益，却可以吸引更多人加入社群。因此，社群需要发挥他们的价值，不仅要保留他们，还要激励他们继续活跃，积极分享，以维护社群气氛，达成社群活动的传播目标。

（4）不活跃但愿意转化的社群成员，这类社群成员可能是高价值社群成员，社群运营者需要认真对待。这类成员不活跃的原因可能有两个：一是没时间；二是还在判断社群的价值。这两点都说明他们是有能力和意愿的社群成员，社群运营者需要挖掘他们的需求，同时提高社群的价值。

💡 **想一想**

> 如何劝退不合适的社群成员？

三、社群成员的信息收集与整理

社群的能量和价值来自社群成员。收集社群成员信息的一个主要目的是将诸多信息作为体现社群价值的资源分享给社群内的所有成员。

（一）信息收集的原则

社群成员的信息收集与整理是社群管理中的重要环节，它有利于社群运营者更好地了解成员的需求、兴趣和行为习惯，为社群的发展提供有力的支持。以下是一些关于社群成员信息收集与整理的建议。

1. 明确收集信息的目的

在收集成员信息之前，需要明确收集信息的目的和用途，确保收集的信息符合法律法规和社群的隐私政策。

2. 设计合理的信息收集表单

社群运营者应根据收集的目的，设计合理的信息收集表单，表单可以包括成员的基本信息、兴趣爱好、职业背景、联系方式等；表单设计要简洁明了，要避免过于繁琐或涉及敏感信息。

3. 保护成员隐私

在收集成员信息时，社群运营者需要注意保护成员的隐私，避免泄露或滥用成员的个人信息，可以采用加密存储、匿名化处理等措施来保障成员隐私。

4. 整理和分析信息

收集到成员信息后，社群运营者需要进行整理和分析，以便更好地了解成员的需求和兴趣，可以根据成员的年龄、性别、地域、职业等特征进行分类整理，也可以通过数据挖掘和可视化工具来分析成员的行为和偏好。

5. 定期更新和维护

社群成员的信息是动态变化的，需要定期更新和维护，社群运营者可以通过定期调查、活动反馈等方式来收集成员的最新信息，并对旧的信息进行清理和更新。

6. 合理使用信息

收集到的成员信息应该合理使用，达到为社群的发展提供支持的目的。社群运营者可以根据成员的需求和兴趣来制定更有针对性的活动和内容，提高社群的活跃度和凝聚力。

总之，通过有效的信息收集与整理，可以更好地了解社群成员的需求和兴趣，为社群的发展提供有力的支持。同时，社群运营者也需要注意保护成员的隐私和合法权益，确保信息收集和使用符合法律法规和社群的隐私政策。

（二）信息收集的方法

在招募社群成员之前，社群运营者先要制订一个社群成员信息收集计划，再根据目的确定要收集的信息。理想的社群成员信息表的内容不能太少，不然收集不到有用的信息；内容也不能太多，不然容易使社群成员不满。社群运营者在制作社群成员信息收集表单时还应该有所侧重，使社群成员信息收集表单中的内容能够符合社群价值。社群成员填写的表单主要应包括以下内容。

（1）你的姓名或网名是什么？（基本信息收集，收集网名是出于保护隐私）

(2) 你的推荐人是谁？在个人品牌 IP 营还认识谁？（人脉信息收集）

(3) 你为何申请加入个人品牌 IP 营？（诉求收集）

在这些问题中，涉及基本信息的问题并不多，而且对于敏感信息设置了隐私保护；个人诉求方面的问题比较多，因为只有足够了解社群成员的诉求，社群运营者才能帮助他们链接资源和人脉，实现互利共赢。当然，不同类型的社群收集的信息是不同的，但不管是什么样的社群，社群运营者都要充分了解社群成员的入群诉求，只有这样，社群运营者才能有针对性地打造社群的内容体系，让社群更有价值，更有凝聚力。确定信息收集计划后，就可借助腾讯文档、金山表单等工具制作社群成员信息收集表单。

一般而言，社群成员入群时是收集其个人信息的最佳时机，社群成员刚入群时如果被要求提供部分个人信息，基本上都会配合，个别有疑问的地方也能及时解释清楚。若在社群成员入群一段时间后再来收集他们的信息，可能就会因为各种各样的问题而导致信息收集工作的效率低下。

扫一扫

"新国潮"出圈："网生代"从文化自信到文化自觉

能力训练

训练任务一：在自己加入的所有社群中挑选一个，分析这个社群的成员组成结构，看看这个社群中哪些人是意见领袖，哪些人是活跃分子，他们在社群中分别有何行为表现，填写表 3-1。

表 3-1 社群角色分析

角色	在社群内的行为表现
群主	
管理员或助理	
意见领袖	
社群忠粉	
社群传播者	

训练任务二：为社群设计信息收集表，要求使用问卷星 App 完成。

任务评价

序号	评分内容	总分	教师打分	教师点评
1	问卷页面是否美观	25		
2	问卷设计是否合理	25		
3	问卷收集的信息是否达到目的	25		
4	问卷的文案是否恰当	25		
	总分	100		

项目四 社群氛围的活跃技巧

学习目标

知识目标

1. 了解社群分享的概念和环节；
2. 了解社群打卡的定义、作用和规则；
3. 了解社群打卡的运营分工内容；
4. 了解社群打卡环境营造的概念和方法；
5. 了解社群红包的概念、作用和建议；
6. 了解社群纠纷的处理原则；
7. 了解群聊精华信息的整理原则。

技能目标

1. 掌握社群分享的运用技巧和执行方式；
2. 掌握社群打卡的运营分工；
3. 熟悉并掌握如何营造社群打卡环境；
4. 掌握社群分享活动的操作方法；
5. 掌握社群红包的操作方法；
6. 掌握社群纠纷的处理方法；
7. 掌握群聊精华的整理与保存方法。

素养目标

1. 具备协调能力、活动策划能力；
2. 具备社群活动运营能力，能够组织社群成员参与活动。

当我们运营一个社群时，最怕的可能就是社群气氛活跃不起来，群里的人都默默地不发声，这样不仅很难了解社群的用户，之后的引流和转化更是难上加难。所以，打造活跃社群是企业的重要任务。一个活跃的社群可以展示品牌的活力和形象，活跃的社群氛围可以增强用户之间的互动，提高用户的参与度和归属感，从而增强用户对社群的黏性。

任务1　社群资料包的策划与搜集

获取社群资料包是进行社群运营的前提之一。社群资料包通常包括社群定位、社群规则、社群成员分享资料、社群活动安排以及其他相关资源，社群资料包在社群运营中起着引导、规范、提供资源和推广等多个方面的作用，有助于提高社群的活跃度、互动性和满意度，有利于促进社群的良性发展。因此，社群运营者应该积极准备和更新社群资料包，并根据社群的类型和目标调整内容，以保证其针对性和有效性。

一、策划资料包的知识框架

假如把某个领域比作一棵树，那么这个领域的重要问题就如同树枝，不同的主题就如同树叶，分属于不同的树枝。因此，画出某个领域的"知识框架树"，就可以说是对这个领域构建了全局视角。

一个系统化的"知识框架树"可由入门概念、基础知识、专业知识和训练方法4个部分构成。以学习演讲为例，其"知识框架树"的构建可以从入门概念、基础知识、专业知识与训练方法等4个方面进行思考，如图4-1所示。

（1）入门概念。要明白演讲的基础概念，明白演讲和分享、演示、培训的区别。

（2）基础知识。要做好演讲，需要具备逻辑思考能力、沟通能力和写演讲稿的能力，会制作PPT等。

（3）专业知识。要了解如何发声、如何控制肢体语言、如何构建个人台风和选择演讲服装，以及其他各种细节，如演讲主题的策划、演讲内容的组织、PPT的美化等，这些都可以理解为该领域的专业知识。这些知识也可以逐步细分，让"知识框架树"变得越来越"茂盛"。

（4）训练方法。训练方法是很多人容易忽略的一个方面，如何训练才能把这些知识转变成自己的能力？知识并不等于技能，技能是需要训练的，要训练就需要有一定的方法和流程，也需要达到一定的标准和训练量，甚至需要通过某种特定的考核。

梳理好入门概念、基础知识、专业知识和训练方法4个方面的内容，即可确定社群资料包的知识框架。

这样策划的资料包对社群运营者来说有很多好处。首先，可以让社群运营者从全局的角度安排社群运营的重点，一旦确定近期要输出的内容，就能快速搜集相关资料，快速行动；其次，社群运营者平时发现有用的素材后，可以将其保存下来，在社群内做分享和交流时，就可以立即拿出来使用；最后，资料包可以分模块开放，不同模块的资料包可以成为引流不同人群的"利器"，或者成为激励社群成员参与社群活动的福利。

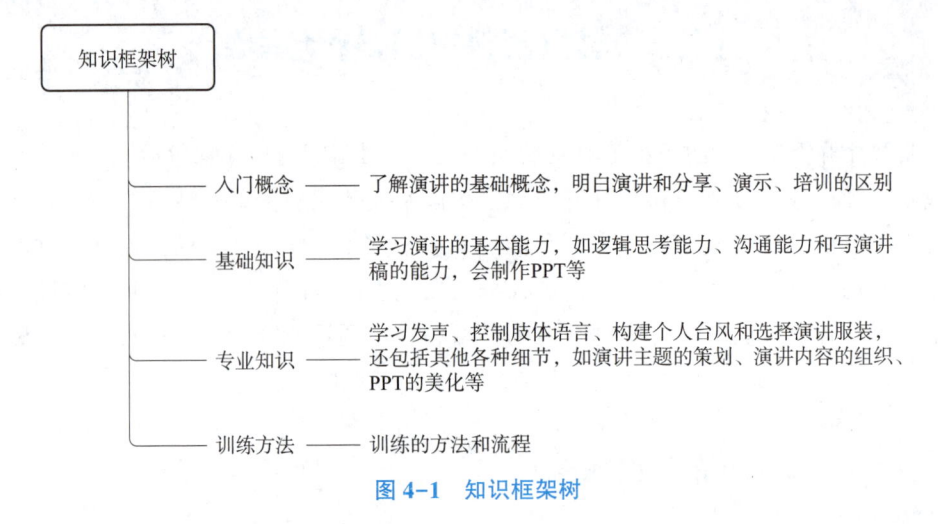

```
知识框架树
├── 入门概念 —— 了解演讲的基础概念，明白演讲和分享、演示、培训的区别
├── 基础知识 —— 学习演讲的基本能力，如逻辑思考能力、沟通能力和写演讲稿的能力，会制作PPT等
├── 专业知识 —— 学习发声、控制肢体语言、构建个人台风和选择演讲服装，还包括其他各种细节，如演讲主题的策划、演讲内容的组织、PPT的美化等
└── 训练方法 —— 训练的方法和流程
```

图 4-1　知识框架树

二、资料包的搜集

在这个信息爆炸的时代，找到有用的信息并不容易。搜集资料包内的素材时，信息的选择至关重要，社群运营者需要快速地搜集资料、去伪存真、抓住重点。这就要求社群运营者做好以下两个方面的工作。

（一）筛选

社群运营者在搜集资料时，需要先对资料进行筛选，确保所搜集到的资料符合社群的定位和目标，并且具有一定的质量和可靠性。对资料进行筛选时，应根据不同的情况使用不同的方法。

如果要搜集的是不太熟悉的资料，可以按照以下五个标准来进行筛选。

（1）来源可信度。社群运营者要确保所搜集的资料有可信的来源，可以通过查找来源的权威性、信誉度和专业性对资料进行评估，可以尽量找一些得到了官方认证的书籍资料。例如，一些出版社的新媒体账号会定期或不定期地推荐有价值的读物。

（2）与社群定位相关。资料应与社群的主题和定位相关，能够为社群成员提供有用的信息和资源。

（3）内容质量。资料的内容应准确、全面、详尽，并且有价值。运营者可以先阅读和评估资料的内容质量，确保其符合社群成员的需求和期望。另外，与其盲目地找资料，不如先找专家，社群运营者可以通过搜索找到专家的官方账号，查找他们推荐的资料。

（4）更新性。社群运营者要确保所搜集的资料是最新和有效的，特别是一些与行业资讯和动态相关的资料，需要及时更新以保持其准确性和实用性。尽量找一些时间距离现在比较近的资料，因为很多技术、很多知识都在不断更新，后人也会对前人的知识和经验做出更符合时代发展的总结。

（5）合规性。资料应符合相关法律法规和道德标准，不包含违法、虚假、不当或侵权的内容。

如果要搜集的是熟悉的行业或专业的资料，社群运营者一般对此已经有一定的基础知识，这时就可以根据自己的知识去判断哪些信息是有用的，哪些信息是无用的，从而快速选取。

（二）整理

整理资料的目的是使资料更加有条理，便于社群成员查找和使用。整理资料就是将资料系统化，这样不仅便于浏览，还方便检索；更重要的是，社群运营者可以在整理过程中发现还缺少什么资料，然后按需补充。

以下是一些常用的资料整理方法。

（1）分类整理。根据资料的内容和主题，将相似的资料进行分类，如按主题、行业、类型等进行分类，便于成员根据自身需求查找资料。

（2）标签和关键词。为资料添加标签和关键词，便于成员通过关键字快速找到所需资料。

（3）目录和索引。创建目录或索引页，列出所搜集资料的标题和内容简介，方便成员快速浏览和选择相关资料。

（4）版本和更新记录。对于更新比较频繁的资料，要记录其不同版本和更新日期，便于成员了解最新版本的内容。

（5）文件夹和文件命名规范。使用统一的文件夹结构和文件命名规范来整理和组织资料，方便成员浏览和管理。

通过对资料进行整理，社群运营者可以提供更清晰、有序的资料库给社群成员，提高成员对资料的利用率和满意度，同时也便于社群运营者处理自身的管理和维护工作。

三、资料包的更新

资料包并非越多越好，而是越有用越好。随着对社群成员了解的加深，社群运营者会逐渐掌握他们对资料包的需求，从而筛选出更合适的资料包内容，这意味着社群运营者需要定期对资料包进行更新。资料包的更新也是对资料包的一种筛选，筛掉无用的或者低价值的信息，留下真正有用的信息。社群资料包的更新是一个持续的过程，需要保持与社群成员和行业的联系，不断搜集和整理新的资料，并及时更新和调整资料包中的内容，以提供最新的和有价值的资源给社群成员。这样可以保持社群的活跃度和吸引力，提高成员的参与度和满意度。

任务 2　社群日报的策划与运营

如图 4-2 所示,社群日报是一种基于社群文化的日报形式,旨在促进社群成员之间的交流和互动。社群日报通常包括社群新闻、社群动态、热门话题、社群福利、社群公告等内容,其目的是为社群成员提供一个全面了解社群内部事务和互动的渠道,促进社群成员之间的交流和合作,增强社群的凝聚力和活跃度。

图 4-2　社群日报

一、日报的分类

日报的内容形式多种多样,可以根据不同的维度进行划分。按照推送时间的不同,日报可分为早报、午报和晚报,推送时间不同的日报在内容上也有差别。

(一) 早报

早报的内容有很多种,基于社群定位和社群成员属性的不同,早报风格也不同。

1. 励志资讯类早报

励志资讯类早报的内容大多是励志类文章,其篇幅不长,文章中往往涉及人生思考、人际关系、婚姻、家庭、子女、健康、房产、汽车等方面的内容。这类早报的形式多是文章链接,或者带有文字的图片,一般用于传统行业的社群、由中老年群体组成的社群等,如图 4-3 所示。

图 4-3 社群早报

2. 娱乐资讯类早报

娱乐资讯类早报往往用于由 18~30 岁的年轻群体组成的社群，早报的内容主要包括当前热门的电影、电视剧、综艺节目的评价及其背后的故事，文艺圈的大事小事，互联网前沿领域资讯内容等。这类早报的形式多种多样，可能是文章，也可能是图片，还可能是一段文字，往往还会搭配年轻群体喜欢用的表情包。

3. 干货类早报

干货类早报主要包括行业技能、职业发展、行业前沿信息等方面的内容，通常以海报图片、签到领取资料等形式来展示，适用于知识付费群、行业交流群。

4. 问候关怀类早报

问候关怀类早报的内容主要包括天气、问候语、新闻等方面的内容，同时结合社群定位和社群成员属性对近日活动安排进行提醒。这类早报的形式有纯文字、图片等，有的可能会搭配一些小游戏。这类早报的适用面较广，大部分社群都可以使用。

（二）午报/晚报

午报和晚报的内容一般差别不大，多与社群输出的内容有关。这里介绍两种类型的午报和晚报：群聊精华汇总帖和社群事务汇总帖。

1. 群聊精华汇总帖

群聊精华汇总帖是一种将群聊中的重要信息、精彩讨论和有价值的内容进行整理和汇总的帖子。这种帖子通常由群管理员或志愿者负责创建和维护，以便群成员快速查找和回顾过去的重要信息和讨论，如图 4-4 所示。

群聊精华汇总帖的内容可以包括以下几个方面。

（1）重要通知。将群聊中发布的各种重要通知进行整理，包括活动预告、会议安排、重要文件分享等。

（2）话题讨论。挑选出群聊中的一些热门话题，总结各方的观点和见解，以便群成员能够快速了解话题的来龙去脉。

（3）知识分享。将群聊中成员分享的实用技巧、经验教训、教程等有价值的内容进行整理，供其他成员学习和参考。

（4）问题解答。整理群聊中成员提出的问题及他人的解答，帮助解决常见问题

和疑惑。

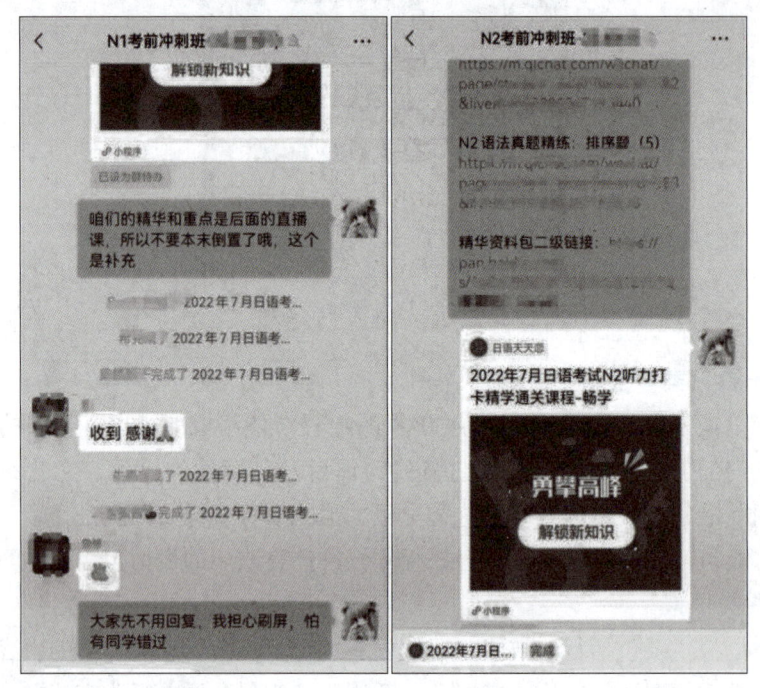

图 4-4　群聊精华汇总帖

（5）资源推荐。汇总群聊中成员推荐的好书、好工具、好网站等资源，方便成员共享和交流。

群聊精华汇总帖可以以帖子的形式发布在群聊内部，也可以以博客、公众号文章等形式对外发布。这样可以吸引更多外部人士关注社群，提高社群的知名度和影响力。此外，社群运营者要定期更新和维护群聊精华汇总帖，这有助于提升群聊的质量，促进成员间的互动和交流。

2. 社群事务汇总帖

社群事务汇总帖是一种将社群内部的重要事务、活动安排、成员动态、问题解答等信息进行整理和汇总的帖子。这种帖子可以帮助社群成员快捷地了解社群的最新动态和进展，也可以促进社群内部的沟通和协作。

二、日报内容的筛选

社群日报内容的筛选是一项重要的工作，它要确保日报中所包含的信息是有价值的、是与社群相关的且对读者有吸引力的。以下是筛选社群日报内容的一些关键步骤。

1. 确定目标受众

在制作社群日报之前，需要明确日报的目标受众是谁，他们的兴趣、需求和期望是什么。这将帮助社群运营者筛选出与受众相关的内容，并确保筛选出的内容是有价值的，提高日报的针对性和实用性。

2. 定义内容主题

社群运营者要根据社群的定位和目标，确定日报的内容和主题。日报的内容应该是有价值的、与社群主题相关的，能够吸引和留住用户的，日报的内容可以关注行业热点、实用技巧、重要通知等，同时，要注意保持日报内容的多样性和更新频率。

3. 评估信息价值

社群运营者要筛选出对社群成员有实际价值的信息，并判断其是否与社群主题相关、是否有价值、是否对读者有吸引力等。有价值的信息如有助于提升技能、提供资源或增进交流的内容等。

4. 考虑时效性

社群运营者要选择最新的信息，确保日报内容反映的是当前的社群动态和热点话题，过时的信息可能会失去吸引力。为了确保日报的时效性，社群运营者需要及时收集与社群主题相关的信息，以确保信息的及时性和持续性，例如在日报中设置时政热点专栏。

5. 确保内容质量

社群日报的内容质量对于吸引和留住读者至关重要。社群运营者可以制定明确的标准，邀请专业人士或专家撰写、审核内容，注重内容的深度和广度以及关注读者反馈，避免包含低质量或重复的信息，确保日报内容的质量和吸引力。

6. 激发参与和讨论

社群运营者可以选择和设计能够激发社群成员参与和讨论的日报内容，提高社群的活跃度和参与度。例如当前的热门话题或趋势、励志故事、成功案例、教程和干货的互动性问题或成员的成就展示等。社群运营者还可以在日报中设置一些互动环节，例如提问、投票、话题讨论等，鼓励用户参与和交流，从而提高社群的活跃度和黏性，如图4-5所示。

7. 符合社群规则和价值观

社群日报的内容应该符合社群的规则和价值观，这是维护社群秩序和增强成员归属感的重要因素。社群日报内容应当体现社群的核心价值观和信念，与社群的使命和愿景保持一致。社群运营者要避免在日报中讨论可能引起争议或敏感的话题，尤其是那些与社群价值观冲突的内容。另外，日报内容应当保持积极正面的态度，鼓励和传播正能量，避免负面或有害的信息。

8. 多样性和平衡

社群运营者可以尝试在日报中提供多样化的内容，同时确保不同观点和不同声音的平衡，从而吸引和保持社群成员的兴趣，促进社群的活跃和发展。社群运营者可以选择多样化的内容如新闻、观点、教程、案例研究、互动活动、成员故事等，以满足不同成员的需求和兴趣。此外，社群运营者要注意展示不同观点和意见，包括来自社群内部和外部的声音，以促进更广泛的讨论和交流。

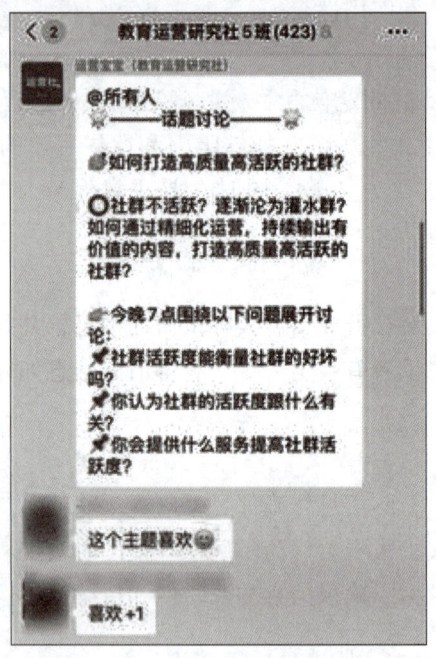

图 4-5　社群话题参与和讨论

9. 使用数据反馈

社群运营者可以使用各种数据分析工具来收集和分析社群日报的相关数据，如阅读量、点击率、回答反馈、互动与分享数据等，如图 4-6 所示。通过分析这些数据，社群运营者可以了解哪些类型的内容会受到更多的关注，哪些内容的互动性强，进而调整和优化日报内容，以提供更符合成员期望的日报内容。

图 4-6　数据反馈

10. 法律和伦理考量

社群运营者要确保日报的内容不侵犯版权也不触及其他法律问题，遵守网络伦理和社群的道德标准。

通过上述步骤，社群运营者可以有效地筛选出适合社群日报的内容，提高日报的质量和吸引力，提高社群的活跃度和成员的参与度。

> **知识窗**
>
> 某社群品牌日报内容
>
> （1）栏目精华回顾，如干货精华汇总、"大咖"分享、每日经典信息等。
> （2）活动通报，如"第××期活动已结营，如有收获或感受，欢迎投稿"。
> （3）社群成员成绩汇报，如发表论文、出版书籍、上线课程等。
> （4）内部福利发放。
> （5）个人纪念日，如"×××生日快乐！""×××新婚快乐！"等。
>
> 查看这份日报，首先，"晒"每位社群成员的里程碑事件、合作成果，鼓励社群成员积极参与活动，激发他们的参与欲望；其次，提示社群成员注意内部福利、优惠活动、干货等大家比较关注的信息。此外，如果社群运营者能从群聊话题里提炼出干货观点，可能会让很多社群成员从中受到启发，提升对社群的认同感。

三、日报的整理

（一）日报的板块

社群日报的模板是一个预先设计的框架，用于规范日报的内容和格式。模板使日报的编写和发布变得更加高效且具有一致性。一般社群日报包含封面、目录、正文和结尾等内容，如图4-7所示。

图4-7　社群日报板块

1. 封面

封面是日报的第一页，通常包括社群日报的标题、日期、社群标识或徽标等元素，可以使用视觉元素和设计来提高日报封面的吸引力。

2. 目录

目录位于日报的第二页，目录列出了正文的主要内容及其所在的页码，方便读者快速浏览和定位感兴趣的部分。

3. 正文

正文是日报的详细内容，如社群活动动态、成员动态、主题讨论、资源分享等。正文中的每项内容都可以单独列出其标题、内容摘要、参与者信息和相关链接等内容。

4. 结尾

结尾是日报的最后一页，通常是感谢或总结的文字，欢迎读者提供反馈和建议的指引，还可以将社群的联系信息和其他有用的资源链接加在其中。

这样的日报结构可以让读者更加方便地浏览和阅读社群日报，并迅速找到感兴趣的内容。同时，封面和结尾的设计可以增加日报的整体美感，提升读者的阅读体验和对社群的印象。

（二）制作日报的注意事项

制作社群日报时，需要注意以下几点。

1. 保持简洁明了

社群日报的目的是促进交流和互动，因此内容要简洁明了，避免冗长的文字或复杂的句子，使用简单明了的语言可以提高读者的阅读体验，并确保信息的传达更加准确。

2. 关注社群文化

社群日报应该关注社群的价值观、兴趣和特点，确保内容与社群的核心议题和主题相关。这样可以增加日报对社群成员的吸引力，还能提高日报的有用性和影响力，同时增加成员的认同感和归属感。

3. 保持一致性

社群日报应该保持一致的风格和格式，使读者能够迅速地识别出这是社群的日常信息来源。统一的字体、颜色、标志和排版等设计元素可以帮助社群建立品牌形象，提高日报的辨识度，提升成员的信任感和忠诚度。

4. 互动性

社群运营者要鼓励成员参与社群日报的制作和发布，例如在社交媒体平台上留言、分享或点赞，或者提供反馈和建议；也可以让成员自己发布一些有趣的图文或故事等内容，增加社群的活力和互动性。

任务 3　社群分享活动的策划与运营

社群分享是将信息、知识、经验和技能等与社群成员共享的过程。通过社群分享，成员之间可以互相学习、交流和成长，增强社群的凝聚力和互动性。社群分享对于社群运营和品牌推广也有重要的意义。通过社群分享，社群运营者可以传递品牌价值、建立品牌形象、扩大品牌影响力。同时，社群分享可以帮助运营者了解用户需求和反馈，便于运营者及时调整和优化社群策略，提高社群活跃度和成员满意度。

一、寻找合适的社群分享人员

一般情况下，社群分享的方式主要有 4 种：社群运营者定期分享、"大咖"嘉宾"空降"社群分享、内部优秀社群成员轮流分享、社群成员的独家经验总结分享。不同的人做分享时，社群运营者需采取不同的策划与运营方式。

1. 社群运营者定期分享

社群运营者的定期分享很容易得到社群成员的认可。社群运营者可以定期在社群中分享与社群主题相关的信息、行业动态、最新趋势等。这种分享可以帮助社群成员保持对领域最新信息的了解，并为他们提供有价值的学习资源。不过，这种分享机制对社群运营者的要求很高，社群运营者需要有极高的威望和号召力，且有源源不断的分享主题和充足的分享时间。

2. "大咖"嘉宾"空降"社群分享

"大咖"嘉宾"空降"社群分享，即请社群外的"大咖"或专家来分享。社群可以邀请专业人士、领域专家或行业内的知名人士来分享他们的经验、见解和知识。这种分享活动能够为社群成员带来新的观点和灵感，激发思考和讨论。这种外部嘉宾"空降"社群分享的模式需要社群运营者有足够的人脉关系，能请来各路嘉宾"捧场"。

3. 内部优秀社群成员轮流分享

鼓励优秀的社群成员分享他们在特定领域中的专业知识、案例研究或创意想法。这种分享可以给其他成员提供学习、向他们请教和获得灵感的机会，同时也能够树立社群中的榜样，增加表彰成员贡献的机会。

4. 社群成员的独家经验总结分享

社群成员经历一些实践、项目或挑战后，可以总结并分享他们的经验和教训。这种分享活动可以帮助其他成员在类似的情境中更好地解决问题、避免错误，加速自己的学习和成长。

这些社群分享活动都有助于促进成员之间的交流与合作，促进社群内的知识分享和互动。

二、策划分享活动的环节

社群分享是提升社群活跃度的有效方式之一。想要完成一场社群分享活动，需要考虑以下环节。

1. 提前准备

如果是经验分享或专业知识分享，社群运营者需要先邀约分享者，请分享者就话题准备素材，并提醒分享者在指定时间内提交分享材料。同时，社群运营者要提醒分享者应该分享对大家有启发的内容，而不是只借分享的机会宣传自己。对于没有在社群内分享过的分享者，社群运营者需要提前检查他分享的内容的质量是否合格。而对

于话题分享，社群运营者需要提前准备话题，并就话题是否能引发大家讨论进行评估；也可以让社群成员提交自己感兴趣的话题，再由社群运营者从中进行选择。

2. 活动海报通知

一张吸引人的活动通知海报很重要，一张通知海报要包括活动主题、分享"大咖"、活动内容、活动时间等方面的内容，如图4-8所示。确定分享时间后，社群运营者还需要在社群内反复通知几次，提醒社群成员按时参加，以免有的社群成员错过。如果分享活动特别重要，社群运营者还需采取"一对一"私聊的方式进行精准通知。

图4-8 社群活动海报通知

3. 强调规则

在每次分享活动开始前，社群运营者都需要在社群内强调规则，这是为了避免在分享过程中，新加入的社群成员因不了解规则而在不合适的时候插话，影响嘉宾分享。例如在QQ群中分享时，社群运营者可以在说明规则后临时禁言，避免规则提示被很快地"刷"掉。

4. 提前暖场

在正式分享前，社群运营者应该提前取消群禁言，或者主动讨论一些轻松的话题，营造交流氛围。一般来说，社群内在线的人越多，消息滚动的速度越快，越容易吸引更多的人围观。

5. 介绍分享者

在分享者出场前，可以由社群主持人介绍分享者的专长或资历，并提醒大家进入倾听状态。

6. 引导互动

一般情况下，社群运营者需要提前安排几个人负责引导互动。当社群运营者在分享过程中发现互动气氛不足时，可以让安排好的人说一说提前准备的问题或看法，进行"你一言我一语"的讨论来调动互动气氛。

7. 随时控场

分享过程中，若有人干扰分享，或者讨论与主题无关的内容，主持人需要与其私聊提醒，提醒这些人遵守社群规则。

社群运营者需要提前制订控场计划，安排合适的人员应对突发事件。例如，用特定内容"刷屏"控场，提前添加所有社群成员为好友，监控群内的情况，将干扰分享的社群成员临时"踢出"等。

8. 收尾总结

分享活动结束后，社群运营者要引导参与的社群成员就分享内容做总结，鼓励他们在微博、微信朋友圈、抖音等新媒体平台分享自己的心得体会。这样不仅可以体现出社群价值，还可以作为传播社群品牌的关键工具。

9. 提供福利

如果可以在分享活动结束后，向做出总结分享或认真参与的社群成员提供一些有趣、有用的小福利，那么社群成员就会更加期待下一次分享活动。

10. 打造品牌

在分享活动结束后，社群运营者可以将分享的内容整理后发布在微博、微信朋友圈、抖音等新媒体平台上，并引导社群成员转发传播，这样，社群就可以通过频繁的分享活动实现提升品牌影响力的目的。

素养园地

国学读书群——研习经典砺初心，履职尽责共奋进

三、组织一场有效的分享活动

在社群分享活动中，分享内容的选择要根据目标用户的需求和兴趣来确定。比较常见的分享内容有生活感悟、专业知识、创业故事、实用工具资源和专家讲座访谈等，总之，一切对用户有价值、能够满足用户需求的东西，都可以成为很好的分享内容。在此，以微信群为例，系统地介绍如何组织一场有效的分享活动。

（一）分享准备时

分享之前，社群运营者需要做好一些准备工作，包括拟定人物角色、话题策划、预告文案、互动话术、时间预设5个方面的内容，具体如下。

1. 人物角色

在一场分享活动中，社群运营者需要设置3个人物角色：组织者、主持人及配合人。

（1）组织者。如果现在有人提出一个好的话题，并且有自己的想法，一般来说就由其担任本期分享活动的组织者。

（2）主持人。主持人的能力将直接影响活动的效果，因此不能随便找人担任主持人。在活动开始之前，主持人要做好充分的准备，了解各个环节，以更好地把控现场。

（3）配合人。如果主持人是第一次主持，则需要一个有经验的人全程参与，一旦出现意外情况，配合人可以及时提供帮助。

2. 话题策划

每一场分享活动的流程可以固定，但由于话题并不相同，因此需要认真策划。话题的选择基本上决定了分享活动的活跃程度，因此要根据社群成员的兴趣和需求，策划适合的话题，确保话题与社群的核心议题相关，并能够引起成员的兴趣和讨论。在策划话题时，可以考虑行业热点、解决问题的经验分享、行业趋势分析等内容。在策划话题的过程中，社群运营者需要注意话题不能太宽泛、太沉重，话题要简单、易讨论，要让社群成员可以随时参与。设计话题的时候，可以考虑让社群成员多分享有益的经验，要尽量避免分享自己做过的不好的事情，否则参与性很难提高。

3. 预告文案

社群运营者要把提前准备好的分享活动的预告文案，通过社群公告、社交媒体或邮件等渠道向社群成员宣传和推广。预告文案需要简洁明了地介绍分享活动的时间、主题、主讲人和预期收益，以吸引成员的关注和参与。那么，预告文案需要包括哪些内容呢？下面是一个预告文案模板，可供参考。

标题：第××期分享来啦！

分享主题：这一期的分享主题是×××。

分享者介绍：关于分享者的简介，要侧重介绍其与分享主题相关的内容。

分享主题的价值体现：提出跟分享主题相关的信息或问题，以体现分享活动的价值。

分享时间：分享时间应尽量安排在非工作时间，如星期五的 20:00—21:00。

邀约结尾：邀请大家参加的文案，如 "期待大家来交流！" "欢迎大家对这次交流过程进行记录、总结、分享。"

4. 互动话术

为了活跃分享活动的氛围，社群运营者可以准备一些互动话术，例如在分享过程中引导成员提问、回答问题或参与讨论。这可以提高成员的参与度，促进积极的互动交流，并使分享活动更具价值。互动话术可参考如下内容。

开场：一般情况下，开场阶段只需将预告文案重新发一次即可。

过渡阶段：即几个问题之间的衔接，需要考虑怎么说才可以让大家及时结束对上一个问题的讨论，进入对下一个问题的讨论。根据经验，比较自然的过渡方式是，主持人先简单总结对上一个问题的讨论，并表达自己的看法，再引出下一个问题。

提醒"刷屏"者：在分享过程中，可能会有人进行和主题无关的"刷屏"，如果分享的时间较长，可以允许社群成员发送少量的无关信息，但发送的无关信息渐多时，主持人则需要委婉地提醒"刷屏"者。

观点提醒：当有人说出比较偏激的消极观点时，主持人也需要委婉地提醒该社群成员，并巧妙地转移话题。

结尾：主持人以积极的话语对本场分享进行总结，并引导社群成员进行记录、分享，例如，"今天的分享就要接近尾声了，大家的表现说明大家都在积极地思考。我相信来不及'冒泡'的同学看见大家的讨论也一定会收获颇丰。如果觉得意犹未尽，大家可以根据讨论找其他同学'小窗'再聊。另外，欢迎大家对讨论过程中出现的好的故事、疑问、观点等进行记录、总结、分享。"

5. 时间预设

社群运营者要确定分享活动的时间和持续时间，并提前通知社群成员；要尽力确保分享活动的时间不会与成员的其他重要安排冲突，并预设好活动的结束时间，以便把握好整个活动的流程和时间安排。在整个分享过程中，社群运营者要把握以下3个关键的时间点。

（1）通知时间。确定好分享的主题，并写好预告文案之后，接下来就要发布预告，告诉社群成员什么时间来参加讨论。一般需要进行3次通知：分享的前一天晚上、分享当天的早上、分享开始前一小时。这3个时间段是比较合适的通知时间。

（2）互动时间。在每次的分享中，都需要注意明确互动时间，并提前提醒主持人、分享者安排好时间，以避免耽误互动问答。

（3）不同问题的讨论时长。一般来说，每个问题的讨论时长为半个小时，如果大家对某个问题的讨论很热烈，主持人可以适当延长该问题的讨论时间；如果大家对某个问题的反应较为冷淡，则可以减少该问题的讨论时长，提早进入对下一个问题的讨论。

（二）分享进行时

在分享过程中，社群运营者要注意把握以下3个方面的内容。

1. 基本过程

若已经为本次分享活动做好了充分的准备，整场讨论就基本可以按照预定的流程进行，包括开场、分享内容、互动环节、总结等。不过也需要注意时间管理，确保分享内容不会超时，并根据实际情况进行适当变动，给互动环节留出足够的时间。分享过程中要注意维持秩序，确保分享环境安静、专注，避免不必要的干扰。

2. 引导互动和及时分享

在分享过程中，社群运营者要鼓励成员提问或分享自己的看法，以促进双向沟通。对于成员的提问或评论，要及时回应和分享，以增进成员的参与感和满意度。如果遇到敏感或可能引起争议的话题，要妥善处理，要确保讨论保持在建设性和友好的范围内。如果发现缺乏互动，社群运营者就需要提醒安排好的人出面引导，带动气氛；如果出现大量发言，社群运营者需要快速阅读发言内容，并挑选出优质发言，及时将其分享到其他群。

3. 禁言

在分享会开始前，社群运营者要明确禁言规则，防止无关话题的讨论或广告信息

的传播，避免因为社群成员过度"刷屏"而导致重要的发言被"淹没"。如果有成员违反禁言规则，要及时提醒并采取适当的措施，如暂时禁言或移除发言；要确保禁言措施不会影响正常分享和互动的进行，避免因禁言影响社群成员的参与热情。

（三）分享结束后

分享结束后，社群运营者需要做好发言总结和活动总结。

1. 发言总结

发言总结，即对本次分享活动的发言进行汇总，基本格式如下。

标题（第×期分享·分享主题）

分享组织者：×××

分享时间：××××年×月×日××:00—××:00

分享内容：即对发言的总结

汇总完发言之后，社群运营者可以修改汇总文档的标题，参考群共享中已经上传的文件，以便与之前的分享保持一致，确认无误后，再将汇总文档上传到群共享，同时在社群里发布通知，提醒大家及时阅读。

2. 活动总结

活动总结，即对本次分享活动进行总结。总结分享活动时要考虑几个问题：如果整场分享活动很成功，原因是什么？如果不成功，原因又是什么？应该如何去改进？整理好活动总结后，将其发到由该分享活动的工作人员组成的管理群中和大家一起分享，供大家参考，然后吸收大家的意见，为未来的活动提供改进的方向和依据。

练一练

如果让你组织一次分享活动，请一位优秀的学长在班级群里分享求职面试经验，请根据表4-1所示的分享活动清单，设计分享活动的具体环节。

表4-1 分享活动清单

序号	环节	准备要素	要素细则
1	提前准备	预约分享人	
		分享内容沟通与审核	
2	活动通知	确定分享时间	
		群中的通知话术	
3	强调规则	规则设计	
		规则提示的话术	
4	提前暖场	暖场话术	
		话题引导	

续表

序号	环节	准备要素	要素细则
5	介绍分享者	分享者资历、头衔、作品等相关介绍	
		分享者照片或海报	
		分享者具有代表性的文章或视频链接	
6	引导互动	热场话术	
		提前安排人互动	
7	随时控场	制订控场计划	
		私聊提醒或警告	
		禁言或"踢人"	
8	收尾总结	本次分享总结	
		微信朋友圈、微博等平台传播	
9	提供福利	福利准备	
		福利活动设计	
10	打造品牌	将本次分享整理成文章或音频并在相应平台传播	
		分享活动系列化，传递品牌	

任务 4　社群打卡项目的策划与运营

社群打卡是社群中的成员为了养成某一个习惯而采取的某一种行为，如图 4-9 所示。社群打卡能够让用户形成习惯，随时掌握用户的活跃数据，帮助社群运营者筛选用户，并且形成一种竞争的氛围。

一、社群打卡的策划要点

要策划一个有趣的社群打卡项目，需要从打卡氛围和主题两个方面着手。

1. 营造积极的打卡氛围

要让社群中的诸多社群成员针对某个项目持续打卡，除了需要社群成员具备较强的自制力外，社群运营者还需要营造积极的打卡氛围。而要营造这一氛围，需要策划 5 个关键要素，具体如表 4-2 所示。

图 4-9 社群打卡

表 4-2 营造打卡氛围的 5 个关键要素

关键要素	方法
目标和期限	设定明确的打卡目标，并明确期限。目标应该具体且可衡量，并与参与者的兴趣和需求相关。同时，设置适当的期限可以激发参与者的行动力和紧迫感
奖励和认可机制	设立奖励机制，如实物奖励、虚拟徽章、成就徽章等，激励参与者坚持打卡。另外，为参与者提供定期的反馈和认可，如评论、点赞、分享他们的打卡内容，提高参与者的参与度和动力
资源和指导	为参与者提供相关的资源、资料和指导，可以包括教程、工具、计划指南等，以帮助社群成员更好地完成打卡；还可以提供简单易懂的指导和建议，让参与者能够顺利打卡并取得成果
定期活动和挑战	定期组织活动和挑战，以保持打卡的动力和趣味性。活动可以是网络直播、线下聚会或线上竞赛，挑战可以是达成一项更高难度的目标或任务。这些活动和挑战可以帮助参与者保持参与的兴趣，并与其他参与者互动
成功故事和案例	定期分享一些打卡成功的故事和案例，让参与者看到他人的成果和经验，可以激励和启发其他人，并为他们提供实际的参考和模范

2. 策划参与度高的主题

打卡的方式有很多，社群运营者需要根据社群成员的需求策划参与度高的打卡主题。打卡方式和内容应该具有可操作性、相关性和持续性。同时，社群运营者可以鼓励成员们通过图片、视频、文字等多种形式来展示他们的打卡内容。常见的打卡主题和打卡内容如表 4-3 所示。

表 4-3　常见的打卡主题和打卡内容

打卡主题	打卡内容
健康与健身	每日锻炼、健康饮食、体重管理，分享锻炼照片或视频、记录锻炼时长和类型、分享健康食谱和饮食计划
学习与成长	每日学习、技能提升、阅读计划，记录学习时长、分享学习笔记、读后感、完成的小项目或练习
写作与创作	每日写作、绘画、音乐创作，分享写作片段、绘画作品、音乐样品或创作思路
旅行与探索	每日旅行、地方特色、旅行日志，分享旅行照片、描述旅行体验、记录有趣的地方和文化特色
艺术与手工	每日艺术创作、手工制作、创意实践，展示艺术作品或手工制作的过程和成品，分享创意来源和实现方法
职业发展	每日工作、职业规划、人脉拓展，记录工作成就，分享职业发展心得，介绍新认识的专业人士
阅读与知识分享	每日阅读、知识积累、读书会，分享阅读的章节摘要、知识点，组织线上或线下读书讨论

知识窗

社群打卡项目：美食探索之旅

打卡规则：

（1）每天中午 12 点打卡截止，要求分享当天吃到的美食的照片和简短的描述。

（2）完成任务后可以获得积分，积分可以兑换社群内的优惠券或礼品。

（3）鼓励成员积极互动，点赞、评论、分享其他成员的打卡内容。

打卡主题：

第一周，探索本地美食；

第二周，寻找特色小吃；

第三周，品尝异国料理；

第四周，分享美食背后的故事和经历。

成员可以在每天中午前分享自己的美食探索成果，并在每周的最后一天总结自己的美食之旅，与其他成员分享经验和收获。

二、社群打卡的运营要点

为了提升社群活跃度,很多社群采取了早起打卡或任务打卡的方式。在社群发展早期,打卡可以激发社群活力,营造互相激励的氛围。但是,随着社群的成长,打卡的人越来越少,其活跃社群的效果自然也越来越弱。那么,社群打卡应该怎样操作才能延长新鲜期呢?做好社群打卡项目的运营,需要注意以下几点。

(1) 打卡项目应有一个大家感兴趣的主题,如一起背单词、一起早起、一起晨跑、一起夜练等。如果打卡主题不是大家感兴趣的主题,自然就难以形成"我们要一起打卡"的社群氛围。

(2) 打卡项目要简单可操作。有的社群鼓励每个人早起念一段英文,这个项目看起来简单,其实难度很大。首先,早上这个时间段对很多社群成员而言不是参与社群活动的合适时间,因为早上时间紧张,对于上班或上学的人来说,压力比较大,也不方便随时拿出手机来操作。其次,社群成员要提前准备一段英文,还得朗读出来并录制成音频,再发到微信群,操作起来较复杂。

(3) 打卡项目要尽量有交互性,让大家乐于参与。有的社群让每个人早起用一句话表达今天的心情。这个要求虽然不高,也没有什么限制,但有的人就是写不出来,并且交互性不强。如果把早起"晒"心情改成"晒"今天让你心情变好的事情,如"晒"今天的美妆、今天的晨光、今天的早餐、今天给宝宝穿的衣服等,顺便加一句引导互动的话语,更能引起其他社群成员的互动。

(4) 打卡的形式可以多元化,满足社群成员的需求和兴趣。在运营过程中,社群运营者可以根据社群的实际情况和成员的反馈灵活调整打卡形式,以达到最佳效果。比如可以提供多种打卡选项,让成员根据自己的兴趣和能力选择,这样既能满足成员的个性化需求,又能避免打卡活动变得单调乏味。社群运营者也可以围绕不同的主题设置打卡任务,如读书、运动、旅行等。这样的打卡任务可以让成员在参与打卡的同时拓展自己的知识和技能。

(5) 打卡也可以错时进行、默默参与。一些工作繁忙的人往往做不到每天在指定的时间打卡,对于这样的人,社群运营者可以先引导他们每天都进群看一看,这也是一种有益于社群的打卡方式。例如,在拥有很多企业家的社群中都有小助手做"新闻早知道"栏目,内容组织得很好,很多企业家早上有空会顺便看一看,但他们并不在群里说话。这个栏目表面上参与度不是很高,但它实际上是一种借助群扩散的微媒体,只要内容整合得当,社群里的人就会坚持看,如果突然不更新了,他们就会出来问:"今天的新闻怎么没有了?"不过,"新闻早知道"模式,一般被主题明确、社群运营者能够围绕这个主题搜集及编写优质行业信息的社群用来培养社群成员的阅读习惯。

此外,要想让每个人都愿意参与打卡,还需要在打卡方法上不断创新。例如,可以在每天打卡的人中按某种随机规则翻牌,给被翻到的人发福利;也可以给打卡天数达标的人发一枚社群勋章或发一个红包等。

思考： 假设你在某个社群中，能让你坚持每天打卡的理由有哪些？

任务5　社群的红包奖励策略

为了促使社群活跃，吸引更多新用户参与和留住老用户，运营者们常常会采用各种各样的促活方式，发红包就是其中常见的一种。

一、设置发红包的规则

社群发红包是一种在网络社交平台上流行的互动方式，可以增加社群的活跃度和成员之间的互动。社群发红包的规则应该根据社群的实际情况和成员的期望来制定，以确保活动能够顺利进行，并且能够让成员感受到快乐和归属感。以下是社群发红包的一些基本规则。

1. 红包金额

社群发红包的金额可以根据社群的性质和成员的共识来决定，可以是小额的互动红包，也可以是大额的奖励红包。

2. 红包数量

一般来说，红包的数量应该足够让更多的成员有机会获得，以提升参与感和公平性。

3. 红包主题

发红包可以围绕特定的主题进行，比如节日、社群生日、重大活动等，以此来增加红包的意义和趣味性。

4. 红包领取

红包的领取通常需要成员在规定时间内完成，超过时间可能会自动失效。领取红包的过程应该简单明了，避免复杂的步骤。

5. 红包分配

红包可以采取随机分配的方式，让成员都有惊喜；也可以按照贡献度、积分等设立标准进行分配，以激励成员的积极参与。

6. 规则公告

社群运营者应该在发红包前公布详细的发放规则和时间安排，确保所有成员都能够清楚了解如何参与和领取红包。

7. 避免滥用

为了保证公平性和社群的健康发展，应该避免频繁发红包或者利用红包进行不正当的推广活动。

8. 法律遵守

在发红包的过程中，需要遵守当地的法律法规，确保红包活动的合法性。

9. 互动性

社群发红包的目的是为了增加互动性，因此在发红包时，可以结合社群的特点开展一些互动活动，比如答题、游戏等。

10. 特别关怀

社群运营者可以针对特殊成员或者特定情况，发放特别红包，以体现社群的关怀和温暖。

二、发红包的理由

社群运营者发红包不能"任性"，需要有一个理由，如图 4-10 所示。

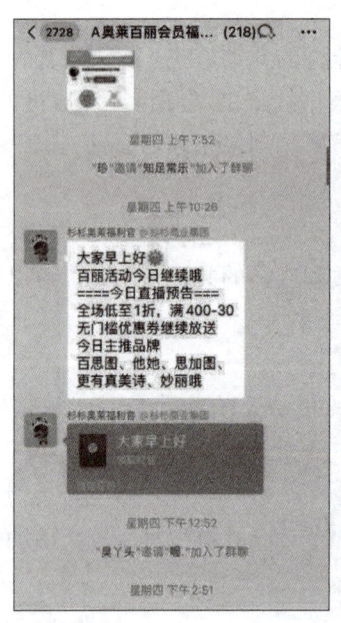

图 4-10 社群红包

有的社群运营者会在每天早上发一个小额红包，美其名曰活跃气氛，最后导致一群人每天早上默默抢完红包就走，而另外一群人可能会被每天早上收到小额红包的发言打扰，然后愤然离群。因此，这样发红包是不合适的。

中秋节、国庆节、元旦、春节，在这些喜庆的日子发红包，大家花时间抢红包，互相说祝福，大家都开心。如果有喜讯、有好事、有"大咖"入群、有重要通知，发个红包活跃气氛，吸引大家的注意力，也是不错的方法。

在发红包时，把理由说清楚，能让大家明白在社群内做什么样的事才能得到红包奖励，继而激励大家多做对社群有益的事情。

发红包的理由有很多，以下是几个常见的例子。

1. 庆祝活动

在重要的节日或庆祝场合，发红包是一种传统和习俗，用来表示庆祝和祝福。

2. 感谢行为

当别人给予帮助、支持或关心时，发红包是一种表达感激的方式。

3. 激励和鼓励

在团队或社群中，为了激励成员的积极表现和贡献，发红包是一种奖励方式。

4. 社交互动

在社交媒体或通信应用程序中，发红包是一种社交互动的方式，可以增进人与人之间的联系和友好关系。

5. 纪念特殊时刻

当生活中出现重要事件或转折点时，发红包可以作为一种纪念方式，记录和分享这些时刻。

无论出于什么原因，发红包都应该遵循公平、透明和适度的原则，同时也要尊重他人的意愿和感受。此外，社群运营者在使用发红包进行营销活动时，应制定明确的规则和活动方案，以平衡营销目的和用户体验。

三、发红包的方式

红包要变着花样发，大家才有新鲜感。大家在发红包的过程中会激发无穷的智慧，花样会越来越多，在这个过程中，大家的情感连接也会越来越强。毕竟，不喜欢的社群，谁愿意在里面发红包呢？此外，如果总是由社群运营者发红包供大家抢，大家慢慢会形成一种习惯，觉得就应该是社群运营者发红包供大家抢，其实好的社群应该是大家互相发红包。下面是一些常见的社群发红包方式。

1. 欢迎红包

每当社群中有新成员加入时，可以通过发红包给予他们一定的仪式感，从而让新进入的成员更快地融入社群中。

2. 签到红包

每天发签到红包，能起到主动唤醒社群的作用。

3. 邀请红包

为了鼓励群成员邀请新人加入，可以设置邀请新人红包进行奖励。

4. 分享红包

邀请社群成员做分享，分享完让大家用红包来评价，如果大家觉得内容足够优质，可以给分享者发小额红包表示感谢。

5. 禁言红包

有的社群成员违反了规定被禁言，而看到群中的交流非常活跃想插话，这时就可以主动发红包请求解禁。

6. 节日红包

节日红包比较常见，通常是在重大节日，或者重要的日子（如周年庆、品牌日、会员日等）发的红包。

7. 任务红包

社群中通常会发布一些任务，比如发好评、点赞、分享等，群成员完成这些任务之后，就可以通过截图反馈来领取对应的任务奖励，这些奖励就可以设置为红包。这种方式可以带动社群其他成员的参与，实现持续性的正向反馈，从而提高社群的活跃度。

8. 预热红包

企业或者品牌会不定时地进行一些或大或小的活动，社群作为私域流量池，是活动宣传的重要场所。活动开始前在社群发红包可以起到活动提醒的作用，能在宣传活动的同时提升社群活跃度。

9. 专属喜庆红包

在某人生日、结婚、生子、粉丝数破万时发的庆祝红包就是专属红包。生日红包作为一种祝福，非常能突显社群的人情味，也让群成员感受到自己是被重视的，从而加深对社群或品牌的好感，对之后的激活和转化都能起到正向的推动作用。

10. 晒单红包

引导群成员在群内晒单是非常有必要的，晒单有助于促进社群的转化。这个晒单可以是晒出订单截图，即在购买商品后进行分享；也可以是在收到商品或者接受服务后的反馈分享晒单，群成员主动分享的使用感受，能帮助商家打消其他用户的顾虑，增强信任感。

素养园地

对违规收发微信红包坚决说"不"

四、设置合适的红包金额和数量

社群运营者发红包的目的是活跃气氛，因而需要设置合适的红包金额和数量。红包金额不能太小，因为抢红包也是要花费时间和流量成本的，人们抢到几分钱的红包时，懊恼感比惊喜感要更强烈。

那么，发大额红包好不好呢？一般而言，也不建议发大额红包。而且，在陌生人多的社群里，更不建议发大额红包，因为群成员没有感情基础，仅靠发红包很难换来大家的喜爱。

五、在正确的时间发红包

有的社群运营者发红包时不注意时间，例如，在工作时间发红包，红包就会被很多专注于工作的成员忽略掉，就算有人在工作时间抽空抢了红包，但打开一看金额较小，结果可能不仅没有得到抢到红包的喜悦感，还可能因占小便宜耽误工作而懊悔，以后可能就不会积极参与抢红包，红包的激活效应也就无从谈起了。

发红包的目的是引起社群用户的关注，所以要注意时间，要注意节奏，要在气氛热烈的情况下发。常见的发红包时间如下。

1. 早上 7 点

对固定日期发红包的社群来说，早上 7 点是一个非常好的时间点。

2. 晚上 20—21 点

晚上 20—21 点是大部分人的自由时间。在这个时间段，社群成员能以轻松的状态收红包，并参与话题讨论，此时成员的积极性也较高。

3. 避免深夜发红包

要避免深夜发红包。一方面，临近深夜，大多数群成员都已经入睡，此时发红包，参与者会非常少，而且信息的提示音会影响群成员的休息；另一方面，没睡的群成员先一步抢完红包，第二天醒来没抢到的成员会产生不满。

4. 避免上午 9—11 点发红包

通常来说，上午 9—11 点是一天中工作最为忙碌的时间段，此时发红包可能会影响社群成员的工作态度和工作效率，因此，要尽可能避免在这一时间段发红包。

思考：假如你参加的某项团体活动获得了奖项，你想在本班群里发红包庆祝，你会如何发呢？

任务 6　处理群内纠纷技巧

一、社群成员之间发生纠纷时的处理策略

社群中发生纠纷十分常见。正常情况下，发生纠纷的原因一般都不是什么原则性问题，多是社群成员一时情绪失控。如果没有发生恶劣影响，社群运营者及时做好情绪疏导即可。在这种情况下，社群运营者需要积极处理争吵，维护社群的和谐与秩序，如使用红包等幽默的方式转移话题，让社群成员放松情绪，减轻紧张气氛，同时也可以促进社群成员之间的互动，使社群更加活跃。这种方式既能有效地处理矛盾，又不会伤害到社群成员的尊严和感情。

但是，如果纠纷过程中出现人身攻击，社群运营者需要立即主持公道。社群运营者需要表达明确的立场，明确表示不接受人身攻击和恶意言论，可以发布公告或公告提醒社群成员关于尊重他人的重要性。此外，社群运营者要及时跟进争吵双方，并以客观和公正的态度听取双方的意见和解释，不可偏袒任何一方，并积极采取措施缓和紧张局势。如果社群成员继续出现人身攻击行为，社群运营者可以采取给予警告、限

制发言权限、移除或禁止进入社群等措施，如图4-11所示。

图4-11　群内纠纷的处理策略

1. 给予警告

向行为不当的社群成员发出明确的警告，提醒其行为有违社群规定，要求其立即停止。

2. 限制发言权限

暂时禁止行为不当的社群成员在社群中发言，以避免其继续煽动争吵。

3. 移除或禁止进入社群

对于严重的违规行为，社群运营者可以考虑移除或禁止行为不当的社群成员进入社群，以确保社群的和谐和安全。

无论采取何种措施，在处理纠纷时，社群运营者都应该始终依据公正、公平、合理和合法的原则，避免采取过激行为或言语，以免造成更大的冲突和伤害。如果纠纷无法通过上述方法解决，建议寻求专业的法律援助或咨询机构的帮助。

二、处理恶意群员的技巧

处理恶意群员是社群运营者面临的一项挑战。社群运营者应学会辨别恶意行为并与其他一般的争论行为区分开来。恶意行为通常是有目的地进行的，旨在破坏社群氛围或针对特定成员进行攻击。面对恶意群员时，社群运营者需要保持冷静和理智，不要被恶意言辞或行为影响情绪，要保持客观的态度。

建议社群运营者先为社群建立清晰的规则和准则，并向所有成员明确告知。这些规则可以包括禁止人身攻击、恶意言论、色情或仇恨内容，等等。社群运营者可以将这些规则融入社群的行为准则或社群章程中。当发现恶意行为时，社群运营者可以向犯规的群员发出警告，提醒他们违反了社群规则。重要的是，社群运营者要始终保持中立和公正，并直接针对恶意行为进行处理。

社群运营者可以采取一些措施来处理恶意群员，如禁言、移出或限制其权限。如果一个人的恶意找碴行为引起公愤，社群运营者只需要在群内简单解释，即可马上将其移出群，这样可以保护其他社群成员免受恶意言论或攻击。此外，社群运营者可以鼓励社群成员积极参与到社群的管理中，如果有成员发现恶意行为，要及时向社群运营者报告。社群成员可以发挥集体的力量来制止恶意行为，向恶意群员发送明确的信号，告诉他们这种行为不会被社群接受。

在处理复杂的恶意行为时，社群运营者可以寻求专业帮助，如法律咨询或社群管理专家的意见。他们可以提供如何应对和解决恶意行为的建议和指导。重要的是，社群运营者应始终坚守公正、公平和透明的原则，保护社群成员的利益和社群的整体利益。

三、运营失误的处理技巧

社群运营出现失误是难以避免的，一旦发现社群运营中的失误，应立即采取行动，拖延可能导致问题恶化，及时响应则能表明团队的负责态度和专业精神。

对于运营失误，社群运营者首先要向社群成员诚恳道歉，及时向社群成员说明失误的情况和正在采取的解决措施，保持信息透明，减少不必要的猜测和误解。

其次，深入分析失误产生的原因，是运营管理不当、技术问题还是外部因素等，以便找到根本解决方案，并防止类似问题再次发生。再根据失误的性质，提供切实可行的解决方案，如修复技术问题、重新安排活动或提供补偿等。解决方案应简洁明了，便于社群成员理解，并确保能有效解决问题。解决问题的过程中，社群运营者应注意保持信息透明，将处理进展和结果及时告知社群成员，这不仅能增加他们的信任，还能让他们感受到自己的声音被听到了。

在实施补救措施后，社群运营者要关注社群成员的反馈，确保问题得到了有效解决，并根据反馈进一步优化运营策略。对于运营团队，应加强相关培训，提高对可能风险的认识，提升应对突发情况的能力。

最后，无论失误大小，都应总结经验，形成案例库，供社群团队成员学习和参考，完善社群管理规则，提升社群自我管理能力，鼓励社群成员参与社群建设，共同维护良好的社群环境。

通过这些技巧，不仅能妥善处理运营中的失误，还能进一步增强社群成员的归属感和忠诚度，为社群的长期发展奠定坚实基础。

任务7 群聊精华的整理与保存

一、群聊信息的整理原则

整理群聊信息的目的包括方便社群成员搜索和阅读，提升社群成员对于社群的感知价值，以及让零散的群聊内容变成社群的知识财富，让社群能够展示出更大的能量。此外，整理群聊信息也可以看作是一种整理和管理知识的方式。按照一定的方法对群聊信息进行有序的总结，整理者可以将零散的信息转化为有组织、有结构的知

识，以便其他人使用和分享。

对群聊信息进行整理可以提高信息的可读性和可搜索性，整理之道也就不再是简单地收集和罗列，而是按照一定的方法进行有序的总结，如图 4-12 所示。

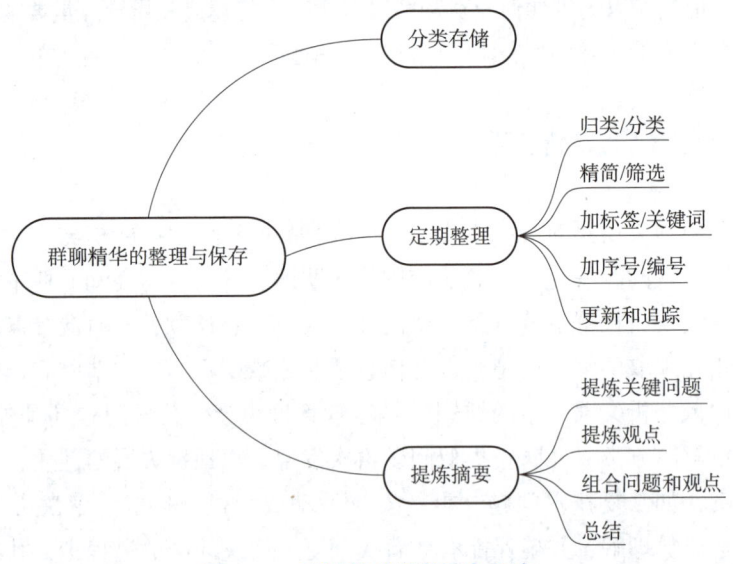

图 4-12 群聊精华的整理与保存

（一）分类存储

对群聊内容进行分类并保存主要有两个好处：方便查询和阅读，以及方便简单整理和细化整理。这种分类存储的方法可以提高信息的可访问性和可用性，同时也便于社群成员根据自身需求快速找到感兴趣的内容。

一般而言，社群运营者可以根据社群的主题和主要活动来设计不同的模块，模块可以灵活调整和扩展，确保与社群发展和成员需求保持一致。此外，还可以鼓励成员提供自己的建议和意见，不断完善和丰富模块的内容。

（二）定期整理

分类存储信息只是第一步，社群运营者还需要定期对社群内的各种信息进行整理和优化，以提高信息的搜索效率和可读性。以下是一些具体的整理方法。

1. 归类/分类

定期检查已经存储的信息，并按照合适的分类或子分类进行归类，社群运营者要确保信息的整齐有序，方便成员查找特定主题的内容。对于一些暂时无法明确类别的内容，社群运营者可以先设置一个"临时文件夹"，等当日的整理任务完成之后，再认真整理这个"临时文件夹"中的内容，将里面的内容妥善安置到对应的类别中。

2. 精简/筛选

在整理活跃社群中的聊天内容时，首先要删去无关文字以及群聊时常出现的符号、表情、时间等；其次，要删除不必要的干扰信息，以免影响大家对重要信息的理解。经过整理的文字，只有做到内容清晰、重点突出，才能引起社群成员的阅读兴趣。精简信息有助于降低信息的冗余性，让成员更加专注于有意义的内容。

3. 加标签/关键词

对信息添加标签或关键词，以便成员可以根据特定标签或关键词迅速搜索到相关内容。标签应准确描述主题或内容，要避免模糊的标签。

4. 加序号/编号

对长篇信息或文档进行分节并添加编号，以便引用和查阅。编号可以提供结构化和有序的阅读体验，使成员更容易分辨和理解信息的结构。

5. 更新和追踪

定期检查信息的更新情况，确保存储的信息是最新的；同时要记录信息的更新日期，以帮助成员确定信息的时效性。

这些整理方法，可以提升信息的搜索效率，减少成员的查找时间，使社群成员获得更好的信息使用体验。定期的信息整理工作可以保持信息库的整洁和有序，使社群成员能够更好地利用社群内的知识和资源。

（三）提炼摘要

为群聊内容提炼摘要可以帮助成员快速了解和浏览长篇群聊内容，节省时间的同时提高阅读效率。根据社群内的群聊信息提炼摘要并不是一件难度很大的事情，只要按照一定的逻辑将部分信息组合成合适的段落即可，具体方法如下。

1. 提炼关键问题

从群聊中提取出关键问题，并将其概括为简洁明了的段落。这可以帮助读者快速了解群聊的主要问题和关注点。

2. 提炼观点

从群聊中提炼出关键观点和论点，并将其概括为简洁明了的段落。这可以帮助读者快速了解群聊中的主要观点和态度。

3. 组合问题和观点

将关键问题和观点结合起来，形成一个完整的段落，概括群聊的主要内容和重点。这可以帮助读者更好地理解群聊的主要内容。

4. 总结

在摘要的结尾，总结群聊的主要内容和观点，并给出一个简洁明了的结论。这可以帮助读者更好地理解群聊的主要内容，并对其有一个完整的认识。

提炼摘要时应遵循简洁明了的原则，要避免使用过于复杂的语言和表达形式。同时，应保持摘要的准确性和完整性，确保提炼的内容能够反映群聊的主要内容和观点。

二、精华内容的编辑

社群运营者整理群聊的精华内容，很大程度上都是为了提高阅读量，引发后续的

分享和交流，从而增强社群的影响力。编辑社群精华内容是社群运营中的一项重要任务，它是在选择、提炼和组织社群中的高质量和有价值的内容。编辑社群精华内容时，可以根据特定社群的需求和特点进行个性化的编辑和定制。重要的是保持整体质量和一致性，确保精华内容能够更好地展示社群成员的智慧和价值。

编辑社群精华内容是社群运营中的一项重要任务，它涉及选择、提炼和组织社群中的高质量和有价值的内容。以下是一些建议。

1. 分段落

大段的文字会让人阅读困难，很难引发阅读兴趣。社群的精华内容较多时，社群运营者需要将内容分成适当的段落，每个段落都应包含一个独立的主题或观点。这有助于提高内容的可读性和整体结构感。

2. 选择有价值的内容

浏览社群中的讨论和内容，应选择具有独特见解、高质量或广泛关注的内容作为精华内容，再从选定的内容中提取核心要点和重要观点，将其概括为简洁明了的表达。社群运营者要确保精华内容能够准确传达作者的意图和观点，编辑时要注意语言表达的流畅性和易读性，要使用清晰简洁的句子，并注重段落的结构和组织，使内容容易阅读和理解。

3. 图文搭配

为了增加可视化效果和吸引力，可以在精华内容中插入适当的图片、图表或其他视觉元素，以支持精华内容的讲述和说明，并增强内容的吸引力和可读性。添加合适的配图要注意两点：一是图片要与内容相匹配，二是图片要放在合适的位置。

4. 调整排版和布局

排版时，要避免内容过于拥挤或过于杂乱。社群运营者可以通过调整字体、字号、颜色和段落间距等，使精华内容的排版和布局整洁、统一、易于阅读，提升版面的美观度和专业感。

5. 保持原创性和准确性

在编辑精华内容时，社群运营者要确保尊重作者的原创权和信息准确性，不改变作者的原意或错误解读作者的表达。

通过精心设计版式，社群运营者可以吸引读者的眼球，提高内容的吸引力和可读性。社群运营者应关注排版细节，并根据社群特点和目标受众的喜好进行调整，创造一个视觉吸引力强、易于阅读的版面。

三、精华内容的集中保存

通过集中保存社群的精华内容，可以将有价值的知识沉淀下来，形成一个集体的智慧库。成员可以随时访问和学习这些内容，无论是新加入的成员想要了解社群活动历程，还是老成员希望温故知新，集中保存的精华内容都可以作为一个便捷的资源库。集中保存的社群精华内容能够促进知识沉淀和共享，方便社群成员复习和回顾，能够提高社群的专业度和影响力,便于管理和维护,减少信息丢失和遗忘。这些都有助于提升社群的品质和可持续发展。

社群精华内容的集中保存可以通过以下几种方式实现。

1. 网站或论坛平台

建立一个专门的网站或论坛平台,将社群的精华内容整理并上传到该平台,成员可以通过浏览和搜索功能方便地查阅精华内容。

2. 在线文档或云存储

使用在线文档或云存储服务,将精华内容整理成文档形式,并共享给社群成员。在线文档或云存储可以授权访问权限,只允许社群成员访问和编辑内容。

3. 知识管理平台

社群运营者可以使用专门的知识管理平台,将社群的精华内容整理并上传到该平台。这些平台通常具有优秀的搜索和分类功能,能方便成员快速查找相关内容。

4. 社交媒体和微信公众号

社群运营者可以在社交媒体平台或微信公众号上建立一个专栏或专栏系列,将社群精华内容发布在这些平台,这样可以吸引更多的读者和分享。

5. 邮件列表和内部通讯

社群运营者可以通过定期发送邮件列表或内部通讯,将社群的精华内容发给社群成员,这样可以确保成员及时收到精华内容的更新。

无论采用哪种方式,都需要有快捷的访问和搜索功能,并且要保证内容的即时性和准确性。另外,社群运营者还可以鼓励社群成员参与内容的整理和更新,以形成一个协作共建的知识库。

能力训练

训练任务:以小组为单位,基于自己所在的校园社群,进行一次有意义的群分享活动,填写表4-4。

表4-4 活动背景分析

项目	项目分析
社群名	某社群
社群性质、成员构成	(社群分析)
活动主题	
活动通知	
活动准备	(准备事项)
活动进行中	(活动中的暖场、互动、控场等操作过程)
活动结束	(活动的收尾工作及活动经验总结)

任务评价

	评分项目	总分	教师打分	教师点评
1	社群性质分析、成员构成	10		
2	活动主题	10		
3	活动通知	10		
4	活动准备事项	20		
5	活动进行过程	30		
6	活动收尾	20		
	总分	100		

项目五　组织线下活动

学习目标

知识目标

1. 了解社群线下活动的必要性；
2. 了解社群线下活动的组织形式；
3. 了解线下活动的推广渠道；
4. 了解线下活动的宣传推广策略；
5. 了解线下活动现场操作的注意事项。

技能目标

1. 能够进行线下活动的筹备；
2. 能够完成社群线下活动的嘉宾邀约；
3. 能够进行社群线下活动的策划、宣传和实施；
4. 能够进行线下活动复盘与总结。

素养目标

1. 培养学生的创新意识和创业精神；
2. 梳理新媒体营销意识，培养社群营销的基本技能；
3. 培养运用所学知识满足客户对社群营销内容需求的能力。

知识窗

社群活动指的是在社交媒体或在线社区中组织的一系列活动。参与社群活动可以促进社区成员之间的互动和合作，增强社区的凝聚力和影响力。

线上交流虽然便捷，但线下活动能提供面对面的真实互动，这种互动更加直接、生动，有助于社群成员之间建立深度联系和信任。通过面对面的对话和共同体验，成员可以更好地了解彼此，形成更紧密的关系。线下活动通常包含多种元素，如讲座、工作坊、游戏、聚餐等，可以为成员提供全方位的体验。这种体验不仅能满足成员的不同需求，还能增强他们的参与感和归属感。成员亲身参与其中，更容易产生对社群的认同感和忠诚度。

社群运营实务

任务 1　策划线下活动的工作内容和方法

策划线下活动是一个复杂且需要细致思考的过程，它涉及活动的目标、内容、预算、参与者、场地、时间、宣传等多个方面。线下活动示例如图 5-1 所示。

图 5-1　线下活动示例

一、线下社群活动的策划

策划社群的线下活动需要细致考虑，确保活动能吸引社群成员，增进成员间的交流，同时提升社群的凝聚力和影响力。策划一场成功的社群线下活动，需要考虑以下几个方面。

1. 确定活动目标和预算

首先，要明确活动的主要目标，是加强社群成员间的交流，是提升社群活跃度，还是扩大社群影响力？活动目标将决定活动的主题、形式和内容。同时，社群运营者需要确定预算，并考虑如何在预算范围内把活动效果最大化地呈现出来。预算应包括场地租赁、设备租赁、宣传费用、餐饮费用、奖品费用等。在确定好活动目标和预算后，方可有序有方向地开展后续工作。

2. 选择合适的主题和内容

根据社群成员的兴趣和需求，选择一个有趣、有意义且易于引发讨论的主题。主题可以是行业热点、技术趋势、生活方式等，要确保选定的主题能够激发社群成员的兴趣。再根据目标和主题，设计活动内容。主题将决定活动的呈现形式、参与者定位以及如何推广活动。

3. 确定活动时间和地点

社群运营者要选择一个适合大多数社群成员的时间和地点。时间要考虑成员的工作、生活安排，地点要便于成员到达，同时满足活动需求。

4. 制订活动计划与流程

这应包括制定活动的日程安排、活动环节的具体内容、参与者的角色和职责、应急预案等。设计完成整体活动安排之后，再进行活动当日的流程设计。详细的活动流程包括开场白、主题演讲、互动环节、闭幕词等。社群运营者要确保活动流程紧凑有趣，让成员在轻松愉快的氛围中交流学习。活动结束后，社群运营者要收集成员的反馈意见，了解活动的优点和不足，再根据反馈进行改进，提高未来活动的质量和效果。此外，社群运营者要评估活动对社群凝聚力和影响力的提升程度，以便对社群发展策略进行调整。

5. 人员安排

社群运营者要根据目标和预算邀请嘉宾和讲师，例如可邀请行业内有影响力的嘉宾或专家，为社群成员带来精彩的演讲和分享。嘉宾会增加活动的吸引力，提高成员的参与度。如有需要，还需要招募志愿者和工作人员来协助活动的进行。社群运营者要确保志愿者和工作人员了解职责，并在活动前进行必要的培训。活动现场要设立签到、引导、接待等环节，确保成员能够顺利参与活动。同时，社群运营者要注意活动现场的氛围营造和秩序维护，确保活动顺利进行。这些都需要提前设计具体工作岗位和岗位职责，并在策划期间做明确的分工和人员招募。

6. 宣传推广

通过社群内部的渠道（如微信群、QQ 群、论坛等）和外部渠道（如社交媒体、新闻媒体等）对活动进行宣传推广。社群运营者要确保目标受众了解活动信息，以便提高活动的参与度。

总之，策划社群线下活动需要充分考虑成员需求、活动目标、时间地点、活动流程等多个方面的问题，通过精心策划和组织，打造一场成功的线下活动，提升社群的凝聚力和影响力。

> 💡 **想一想**
>
> 你参加过社群的线下活动吗？是什么样的活动？和同学们一起分享一下吧。

二、线下社群活动的形式

线下社群活动的形式多种多样，可以根据不同的主题和目的来选择适合的活动形

式，如图 5-2 所示。

图 5-2 线下活动的形式

1. 读书会/分享会

社群成员可以一起阅读一本书，并在分享会上分享自己的读后感和心得。这种活动可以增进成员之间的交流和互动，也可以提高参与者的阅读能力和思考能力。

2. 工作坊/研讨会

可以邀请行业专家或领袖来开设工作坊或研讨会，让社群成员深入了解某个领域的知识和技能。这种活动可以帮助成员扩展视野，提升专业技能。

3. 线下交流会

社群运营者可以安排社群成员在一个舒适的环境中自由交流，分享自己的经验和想法。这种活动可以增强社群成员之间的联系和互动，促进社群的发展。

4. 户外活动/运动

社群运营者可以组织户外活动或运动，如徒步、野营、跑步等，让社群成员在运动中放松身心，增进彼此之间的了解和信任。

5. 公益活动/志愿服务

社群运营者可以组织公益活动或志愿服务，如环保、社区服务等，让社群成员在为社会做贡献的同时，增强自己的社会责任感和使命感。

以上是一些常见的线下社群活动形式，当然，具体的活动形式还需要根据社群的定位和成员的需求来确定。社群运营者在策划线下活动时，需要注意活动的主题和目的、活动的形式和内容、活动的时间和地点等要素，确保活动能够吸引社群成员参与，达到预期的效果。

三、线下活动策划书的撰写

撰写线下活动策划书是一个综合性的过程,涉及活动的目标、内容、预算、执行和评估等多个方面。下面是一个简单的撰写步骤指南,帮助你撰写一份有效的线下活动策划书。

1. 活动概述
活动名称:制定清晰明确的活动名称。
活动目的:解释为什么要举办这个活动,举办这个活动要达成什么目标。
活动日期和时间:明确活动的具体日期和时间。
活动地点:提供活动地点的详细信息,包括地址、交通指南等。

2. 活动背景
市场背景:分析当前市场趋势和竞争环境,说明活动与市场需求的契合度。
活动背景:简要介绍活动的起源和背景信息,为何选择现在来举办这个活动。

3. 活动目标
具体目标:明确列出活动要达到的具体目标,如销售额、参与度、品牌知名度等。
目标受众:描述活动的目标受众,包括他们的年龄、兴趣、职业等特征。

4. 活动内容
主题:明确活动的主题或核心内容。
活动流程:详细描述活动的整体流程,包括开场白、各个环节、闭幕等。
特色亮点:突出活动的独特之处和吸引人的地方。

5. 预算和资源
预算明细:列出活动的所有预算项目,包括场地租赁、设备租赁、物料制作、人员费用等,并给出详细的预算金额。
资源需求:明确列出活动所需的各项资源,如场地、设备、人员等。

6. 执行计划
前期准备:列出活动前期需要准备的事项和时间表。
活动执行:描述活动当天的具体执行计划和责任人。
后期总结:规划活动结束后的总结会议,反馈收集,活动效果评估的事项。

7. 风险评估与应对措施
风险评估:分析活动中可能出现的风险和问题。
应对措施:针对每个风险和问题,提供具体的应对措施和解决方案。

8. 附录
相关文件:活动相关的任何文件或参考资料,如场地租赁合同、活动流程图等。

9. 注意事项
简洁明了:尽量使用简洁明了的语言,避免冗长和复杂的句子。
数据支持:在可能的情况下,用数据和事实来支持你的观点和计划。
及时反馈:在撰写过程中,与团队成员保持沟通,确保信息的准确性和完整性。

素养园地

通过网络走好青年群众路线

任务2　线下活动的筹备流程

一、编制活动流程表

编制活动流程表有利于社群运营者对线下活动时间、成本和质量进行把控，能体现出社群的活动运营团队的效率和专业性。根据不同的需要，社群运营者可以制定不同的工作用表。

1. 日程表

在活动的策划期，需要制作线下活动日程表，如表5-1所示。为区别活动当日的流程表，也将此表叫做"大日程表"。该表中需要体现出所有环节都已得到妥善安排，从活动开始到结束都能顺利进行。社群运营者要将活动自启动之日至活动结束的工作，逐一罗列在此表中，并且明确每项工作的负责人，各项工作执行过程中的注意事项也需在表中做备注说明。

表5-1　2023年某某社群年终盛大日程（初稿20231205版）

日期	工作事项	承担人	地点	备注说明
11月1日	活动场馆踩点	张三	××	拍照、录像
12月1日	此前完成场地签约	××	××	……
…	……	××	××	……
…	……	××	××	……
…	……	××	××	……
…	……	××	××	……
12月24日	活动正式举办	××	××	……

需要注意的是，在开始制定流程之前，社群运营者要先明确活动的目的和预期效果，了解活动参与者的期望和需求，以便在制定流程表时能将参与者的体验也加入其中。根据活动性质和目标受众，社群运营者要选择一个合适的场地，要确保活动时间与参与者的日程安排相符，要避免与其他大型活动或节假日冲突。

2. 流程表

此处的流程表特指活动当日的流程表。在完成大日程表之后，社群运营者需要编制线下活动当日的流程表，如表 5-2 所示。该表需要确保活动中所有环节"事事有人做"。在设计活动流程时，将活动分为不同的阶段或环节，如开幕式、主题演讲、互动环节、闭幕式等，再为每个环节分配适当的时间，确保活动能在预定时间内完成。在流程表中要预留一定的缓冲时间，以应对可能出现的意外情况。

为确保活动当日活动的顺利进行，在活动正式开始之前，社群运营者需要召集所有工作人员对活动当日的流程和工作分配做详细解读，确保每个工作人员知晓自己的工作职责，也让工作人员之间互相认识，以便活动当日可以配合彼此工作。在岗位设置方面，可以设置场控、司仪、音控、后勤、文宣等，其中，场控是很重要的，他相当于整个活动的总导演，来确保活动的每个环节能顺利衔接，以及把每个环节的时长控制在预期的范围，还要确保每个环节的参与人员及时到位。设计活动流程表的格式，包括时间、环节、内容、负责人等要素，社群运营者可以使用表格或图表等形式来展示活动流程。在活动前，社群运营者要对活动流程表进行审核和调整，确保各个环节之间的衔接和顺序合理，避免出现时间冲突或遗漏等问题。

表 5-2　某某社群线下活动流程

活动：　　　　　　　　　　　　　　　　　　　　　时间：
地点：
场控：　　　　　　司仪：　　　　　　音控：　　　　　　灯控：
后勤：　　　　　　签到：　　　　　　茶水：　　　　　　文宣：

时间	时长/min	流程内容	承担人	备注
08:10—08:25	15	工作人员签到	×××	签到：工作人员签到
08:25—09:00	35	来宾签到	×××	音控：播放背景 VCR《×××》 后勤：引导来宾停车、入场 签到：引导来宾签到
09:00—09:30	20	……	×××	茶水：备好茶水、点心
09:30—09:35	5	……	×××	……
09:35—10:55	80	……	×××	……
10:55—11:00	5	……	×××	……
11:00—11:20	20	……	×××	……
11:20—11:27	7	……	×××	……
11:27—11:30	3	……	×××	……
11:30		活动结束，整理场地	×××	
11:30—12:00	30	复盘总结	×××	……

3. 任务清单

任务清单是针对活动志愿者或工作人员，明确他们的职责的表格。社群运营者要

为每个环节分配具体的负责人和任务，制定详细的任务清单，包括任务描述、完成时间、所需资源等。确保所有负责人明确自己的职责，并能按时完成任务。此外，还要建立有效的沟通渠道，确保活动过程中各部门之间的信息畅通；还要安排专人负责现场协调，确保活动顺利进行。

4. 准备活动所需物资及活动备案

社群运营者要根据活动需求提前准备所需的物资，如音响设备、投影仪、桌椅、宣传资料等。确保所有物资在活动开始前到位，并进行必要的测试和检查。社群运营者还要预测可能出现的风险和问题，并制定相应的应急预案，要确保所有工作人员熟悉应急预案，并能在需要时迅速采取行动。

综上所述，线下活动的顺利进行，离不开活动中相关表格的设计与发布。社群运营者可以将活动流程表发布给参与者，并在活动前进行宣传和推广，以提高参与者的参与度和期待感。在设计活动流程表时，还需要注意以下几点。

（1）简洁明了。

活动流程表应该简洁明了，避免过于复杂或冗长，以便让参与者能够快速了解活动安排。

（2）合理安排时间。

在安排活动流程时，社群运营者要合理考虑每个环节所需的时间，避免时间不够或浪费。

（3）考虑参与者需求。

在设计活动流程表时，社群运营者要考虑参与者的需求和期望，合理安排互动环节和休息时间等。

（4）灵活可变。

活动流程表需要具有一定的灵活性和可变性，以应对可能出现的意外情况或需求变更。

总之，通过以上步骤，制定一个全面、细致的线下活动流程表，可以为活动的顺利进行和目标的达成形成一道保障。同时要不断总结和改进，逐步提高活动质量。

想一想

你在组织班级或者学校的活动时，是否制作过活动推进表与活动流程表？是怎样制定的呢？

二、邀请活动嘉宾

嘉宾是活动的灵魂，一场线下活动若想有吸引力，就需要有"大咖"嘉宾在活动中进行干货分享。因此，邀请嘉宾出席线下活动是活动筹备期需要完成的第一项工作，这项工作需要工作人员不断地筛选与沟通。社群运营者需要先找到与社群基调相符的目标嘉宾，然后再与其联系，最后达成合作。如果社群的能量足够大，可以直接向目标嘉宾发出合作邀请；如果社群能量不够，可以先与嘉宾建立联系，循序渐进地与其培养感情，目标嘉宾加深了解后，再表达合作意愿，这样成功率会更高。

1. 邀约嘉宾的渠道

在互联网时代，联系目标嘉宾相对从前来说容易了，通常可以通过下面3种渠道邀约嘉宾。

（1）社群成员：在群里观察，如果有一些比较善于分享的群友，可以约他们做一次分享。

（2）朋友介绍：问朋友们有没有合适的人推荐，通常靠谱的朋友的推荐都是比较合适的。

（3）网上"大V"：可以在知乎、微博、微信、小红书、抖音等平台找到你想要找的人。

2. 投资自己，打造好口碑

上述方法或许可以在短期内联系到一两位嘉宾，但从更长远的规划来看，社群运营者需要一步一步扩大社群的影响力，才会有更大的话语权。这样，在需要洽谈合作时，社群运营者才能向目标嘉宾承诺更有价值的回报。这才是吸引目标嘉宾与社群建立长期稳定的合作关系的重要因素。

当社群规模还比较小的时候，社群运营者需要用心对待每一次合作，不断提高自身的专业度，让运营团队变得更强大，让社群变得更有影响力。只有自己足够优秀，才能吸引更多优质的合作方。

三、寻找赞助商

为线下活动寻找赞助商的一条基本原则是互惠互利，即社群获得赞助方提供的资金或物资，赞助商则得到他所期许的商业利益。只有基于互惠互利的原则，社群与赞助方才能展开沟通和合作，如图5-3所示。寻找赞助商时，社群运营者需根据目标赞助商的需求，结合活动资源，制定一套符合其需求的赞助方案，让对方觉得这个活动是有价值的，从而展开合作。

图5-3 赞助商

因此，寻找赞助商有以下几个要点。

1. 留意和社群调性相匹配的赞助商

一般来说，向与社群调性相匹配的赞助商寻求合作，成功的概率会更大。社群运营者可以留心观察和社群类型相仿的其他社群找的赞助商有哪些，然后找到类似的赞助商进行沟通。例如，橙为社群的一周年庆祝活动在深圳举办，社群运营者找到了同期赞助了行动派社群的一些赞助商，并顺利地和其中多家赞助商达成了合作。

2. 编写赞助方案

一份赞助方案的核心内容需涉及以下3个方面的问题。

（1）哪些企业或机构是本次活动的目标赞助商？

（2）赞助商能得到哪些回报？

（3）赞助商需要付出什么资源或投入多少资金？

对这几个问题进行详细描述，即可扩展为一份赞助方案。

在编写赞助方案时，社群运营者需要写清楚以下4个方面的内容。

（1）活动的总体描述，包括活动目标、活动背景、活动地点、现有的和曾经的赞助商、活动时间、活动运营团队、过去活动的和本期活动预计的媒体宣传力度、过去活动的和本期活动预计的用户参与度、本期活动实际的和预测的用户画像等内容。赞助商在活动中的体现如图5-4所示。

（2）活动所提供的资源回报及所需要的赞助费用。

（3）赞助协议的有效期。

（4）根据活动信息资料，强调此赞助方案与目标赞助商的商业战略相符。

图5-4 赞助商在活动中的体现

撰写完初稿后，社群运营者还需要根据赞助商的需求进行修改。对赞助商来说，有吸引力的赞助方案往往满足以下5点要求。

（1）赞助方案表达的是赞助商所能得到的回报，而不是该活动所具有的特点。

（2）赞助方案表达的是赞助商的需求，而不是活动的需求。

（3）赞助方案是为赞助商量身定做的。

（4）赞助风险低，方案中会强调某些稳定可靠的回报、会列出已经参加活动的赞助商，并清楚地指出本次活动将如何保障赞助商的利益。

（5）赞助本次活动可以为赞助商带来的附加价值，如增强品牌影响力、提升在潜在消费人群中的知名度、增加商业合作的机会等。

3. 沟通和谈判

在沟通的过程中，社群运营者需要了解赞助商与外界合作的目的是增加其粉丝数量或宣传其品牌，还是提高转化率。在明确合作目的之后再采取一些有针对性的沟通和谈判技巧，展示成功案例，可有效增强赞助商的合作意愿。

四、寻找场地

不管举办什么样的线下活动，都需要准备线下场地。从线下活动的成本来看，场地费用往往是开展线下活动支出费用中占比相对较大的一部分。为了控制场地费用，社群运营者需要有策略地寻找合适的场地。确定活动场地的时候，社群运营者要考虑场地的交通、星级、档期、容纳人数、环境等。在此推荐4种寻找场地的方法。

1. 借助他人经验和资源寻找场地

社群运营者可以向有丰富的活动运营经验的朋友咨询，借助他们的经验和资源可以更加快速有效地找到合适的场地。

如果自己的人脉资源不太丰富，社群运营者可以多参加其他社群的线下活动。参加其他社群的线下活动，社群运营者可以在投资自己的同时获取知识和嘉宾资源；又可以学习其他社群的线下活动的优点，规避自己的缺点；还可以考察活动场地是否对外开放，是否适用于自己今后的线下活动。如果觉得场地合适，社群运营者可以当场联系场地负责人进行初步洽谈，了解场地费用与使用的注意事项。

2. 寻找免费场地

社群运营者可以通过本地专门发布活动的网站了解公益活动的发布情况，查看公益活动的举办场地和场地附近的交通情况、环境以及在此地举办的历史活动，然后去找场地方进行洽谈。场地方既然免费提供场地，必然会有其他的回报要求，社群运营者需要明确场地方的运营理念与宗旨是否与社群相契合，然后看他们的要求是否能够与社群的线下活动相融合。

此外，对于商业活动场地，社群运营者还可以考虑能否通过资源互换的方式来减免场地费用。商业活动场地作为线下活动场地一般是收费的，有的就算不收取场地费，也需要有最低消费。社群运营者只有通过资源互换的方式让社群与场地方实现双赢，才有可能免费或低价使用场地。

以橙为社群的深圳城市营为例，线下活动团队通过在工作中经常负责举办活动的朋友，快速获得了可以免费使用的场地信息。具体方法为：找到当地专门发布活动的网站，即深圳活动网。该活动网站对活动进行了分类，每个活动帖子中都详细标注了活动场地；很多活动场地都有对应的微信公众号，通过微信公众号可以查看哪些场地可以举办活动，哪些场地可以免费使用及其规范的申请使用流程是什么。

3. 选择平价的收费场地

现在很多城市都有青年创业咖啡馆，这些咖啡馆虽然是商业经营，但也体现着这些青年人经营的情怀与梦想。社群运营者在视察场地的交通、大小和设备等情况后，可以选择在人流量较小的时间段举办活动，这样既可以让参加活动的用户感受这类场地的独特氛围，同时也能够为咖啡馆带来一定的收入。另外，社群运营者可以与咖啡馆负责人洽谈定期举办活动，以享受一定的折扣。

4. 寻找公益组织活动场地

公益组织活动场地一般由政府或企业提供，具体可以向当地政府或企业支持的活动场地进行申请。但这类场地的申请程序较为复杂，社群运营者可以通过政府或企业了解具体的申请程序。

最后，在确定几个备选场地后，社群运营者就需要到场地进行实地考察。考察场地时需要注意的要点如表 5-3 所示。

表 5-3　考察场地时需要注意的要点

考察要点	考察内容
位置环境	交通是否便捷，环境是否与活动主题相符
场地设备	是否有播放设备，是否有话筒，是否有其他必要的设备
场地费用	是否需要付费，如果需要，价格大概是多少，是否可以接受；是否可以申请到免费场地
场地信息	确定场地后，拍摄现场照片，摸清附近路况，掌握交通信息（如最近的公交站、地铁站）

五、准备物料

准备线下活动物料是一个综合性的过程，需要细致考虑活动的性质、规模、参与者需求等因素。线下活动费用主要由场地费用和物料费用构成。社群运营者要提前确定物料清单，除了准备带有社群品牌 Logo 的标准物料，还要判断是否需要准备其他物料。社群运营者需要把开展线下活动所需的所有物料类别、物料名称、所需数量、单价、费用预算、负责人等信息进行汇总，制作成一份物料清单，并将其交给各项物料负责人，以免错漏和浪费。常用的物料清单格式如表 5-4 所示。

表 5-4　线下活动常用的物料清单格式

物料类别	物料名称	所需数量	单价/元	费用预算/元	负责人
场地物料	投影仪				
	话筒				
	翻页笔				
	计算机				
	录音笔				
	摄像机				

续表

物料类别	物料名称	所需数量	单价/元	费用预算/元	负责人
宣传物料	签到区物料				
	舞台区物料				
	引导区物料				
	工作服				
玩偶	玩偶服				
	会场座位贴				
	VIP 姓名贴				

此外，在物料准备阶段，需要注意以下几点。

1. 设计与定制

宣传物料需要用心设计，要根据活动主题和品牌形象设计和制作物料，如背景板、海报、横幅、传单、邀请函等。社群运营者可以考虑定制物料，如印有活动标志或主题的 T 恤、手提袋等。物料要使用统一色系和风格来营造和谐的氛围，提升与会人员的体验。准备物料时，社群运营者要将所需材料明细制表并打印出来，以便确保物料质量和数量满足需求。

2. 物料分类与清单

社群运营者要根据活动需求，列出所需物料的清单，如桌椅、音响设备、照明设备、投影设备等。要注意将物料分类整理，如基础设施、展示材料、宣传材料、参与者用品等。要注意物料的材质、尺寸、形状等细节，如根据场地情况选择签到后发放臂贴还是手环，有些场地的地板比较难清理，而臂贴又容易脱落粘到地板上，在这种情况下则建议发放手环。

3. 采购与租借

社群运营者要比较供应商的价格和质量，选择更符合预算和需求的选项。关键物料如翻页笔、计算机、话筒等都需要准备多份。社群运营者可以考虑租借设备或物品，如音响、照明、投影等，以节省成本。要注意安排物料的运输和存储，确保物料能在活动前及时到达。

4. 物流与运输

社群运营者要考虑活动场地的搬运和存储的便利性，避免在活动现场出现混乱。部分物料需要预留足够的制作时间，一般需要 15 天左右，采办无须制作的物料则需要预留 7~10 天。

5. 现场布置与管理

社群运营者要根据活动布局和活动流程，安排物料的摆放和使用。可以设立专门的物料管理区域，方便现场人员取用和归还。活动结束后，要及时回收和整理物料，避免浪费和损失，损坏或废弃的物料要适当处理，如修理、再利用或废弃。

6. 其他

除了上述几点，根据具体活动情况，还需要确保所需的电子设备和软件运行顺畅，要注意提前测试并制定备用方案；要考虑活动现场的安全措施和卫生要求，如设置急救箱、提供清洁用品等；还要考虑参与者的需求，如提供座位、饮用水、餐饮等。

总之，准备线下活动物料需要综合考虑多个方面，确保活动能够顺利进行和参与者的满意。在准备过程中，要注意细节和计划性，及时跟进和调整，以应对可能出现的问题。

六、活动备选方案

制定线下活动的备选方案是确保活动顺利进行的关键步骤之一。在制定线下活动的时候，需要制定备选方案，确保活动顺利达到预期效果。制定活动备选方案可以从以下几个方面入手。

1. 了解活动目的和需求

明确活动的核心目标和期望效果，以便为不同的方案设定明确的标准。

2. 场地备选方案

选择多个合适的场地作为备选，以防首选场地因各种原因无法使用。要考虑场地的地理位置、设施、容量、布局、交通便利性等因素。

3. 时间备选方案

为活动设定多个时间选项，以应对可能的日程冲突或天气问题。可以考虑工作日与周末、白天与晚上的不同时间段。

4. 活动流程备选方案

设计多个活动流程版本，以适应不同的参与人数、时间限制或现场状况，要确保每个方案都能实现活动的主要目标。

5. 应急措施

要为可能出现的意外情况制定应急措施，如设备故障、安全问题、天气突变等。要准备相应的备用设备、安全设施和应急预案。

6. 参与者备选方案

考虑到可能的参与者变动，制定备选邀请名单或参与者分组方案。确保活动在人员变动时仍能保持一定的吸引力。

7. 资源与合作方备选方案

要与多个供应商、合作方建立联系，确保在资源紧张或首选合作方无法提供服务时，有备选方案可用。

8. 评估与调整

在活动筹备过程中，要定期评估各个备选方案的实际可行性，并根据需要进行调整。要与团队成员保持沟通，确保所有人都了解各个方案的内容和实施细节。

总之，制定线下活动的备选方案需要综合考虑多个方面，以便在面临挑战时能够迅速调整计划，实现目标。

七、活动应急预案

线下活动体现着一个社群的品牌和服务质量，但和社群成员直接接触时，社群运营者永远不知道现场会有多少种突发状况，一旦状况处理不好很可能直接失去社群成员，并影响社群形象。制定线下活动应急预案是为了确保在突发情况或紧急事件发生时，能够迅速、有效地应对，保障参与者的安全和活动的顺利进行。以下是一些制定线下活动应急预案的建议。

1. 风险评估

在活动筹备阶段，就要对可能出现的紧急情况进行风险评估。考虑活动规模、场地条件、参与人群特点等因素，分析潜在的安全隐患和风险点。

2. 设立应急指挥小组

成立专门的应急指挥小组，负责活动期间的应急管理和处置工作。该小组应由经验丰富的管理人员和专业人员组成，确保在紧急情况下能够迅速做出决策。

3. 制定详细的应急预案

根据风险评估结果，制定详细的应急预案。预案应包括应急疏散、医疗救助、火灾应对、恶劣天气应对等方面的内容，要明确各项应对措施的具体步骤和责任人。

4. 培训与演练

在活动筹备阶段，要组织参与人员进行应急培训和演练。通过模拟突发情况，提高参与人员的应急意识和应对能力，确保在真实情况下能够迅速、准确地执行应急预案。

5. 配备必要的应急物资

根据活动规模和风险特点，要提前准备必要的应急物资，如急救箱、消防器材、应急照明设备等，确保在紧急情况下能够迅速投入使用。

6. 建立信息沟通机制

在活动期间，要建立有效的信息沟通机制，确保应急指挥小组与参与人员、相关部门之间能够及时传递信息，协调应对工作。

7. 监控与评估

在活动进行期间，要密切关注活动现场的安全状况，及时发现并处理潜在的安全隐患。活动结束后，要对应急预案的执行情况进行评估和总结，以便不断完善和改进。

总之，制定线下活动应急预案需要充分考虑活动特点和风险特点，确保预案的针对性和可操作性。同时，通过培训和演练提高参与人员的应急能力，确保在紧急情况下能够迅速、有效地应对。

任务 3　组织线下活动的宣传期

一、制订宣传计划

制订宣传计划即根据社群主题、活动主题、活动的目标人群等要素确定宣传渠道、制作宣传内容及发布宣传内容，并制定活动宣传策划执行表。可供参考的活动宣传策划执行表如表5-5所示。

表5-5　活动宣传策划执行表

××社群××活动宣传策划执行表		
宣传内容制作计划		
宣传渠道	活动前宣传 （3月29日—4月2日）	活动后宣传 （4月17日）
微信公众号	活动预告软文5篇	活动回顾文章1篇
微博	活动预告微博5条（配宣传图） 活动现场微博5条（配现场图）	活动回顾文章1篇
视频号 抖音 快手	活动预告短视频5条	活动现场短视频9条

制定社群活动的宣传策略需要细致的规划和策略性的思考。表5-6是一个简单的步骤指南，可以帮助你制订有效的社群活动宣传计划。

表5-6　宣传内容发布计划

宣传内容发布计划									
宣传渠道	第一轮预热		第二轮预热	第三轮密集推广		现场互动			活动后宣传
	4月6日	4月7日	4月10日	4月14日	4月15日	4月16日	4月17日	4月18日	4月19日
微信公众号	预告软文第1篇	预告软文第2篇	预告软文第3篇	预告软文第4篇	预告软文第3篇				回顾文章1篇
微博	预告微博第1条	预告微博第2条	预告微博第3条	预告微博第4条	预告微博第5条	现场微博第1条~第5条			回顾文章1篇
视频号	预告短视频第1条	预告短视频第2条	预告短视频第3条	预告短视频第4条	预告短视频第5条		现场短视频第1条~第3条	现场短视频第4条~第6条	现场短视频第7条~第9条
抖音	预告短视频第1条	预告短视频第2条	预告短视频第3条	预告短视频第4条	预告短视频第5条		现场短视频第1条~第3条	现场短视频第4条~第6条	现场短视频第7条~第9条
快手	预告短视频第1条	预告短视频第2条	预告短视频第3条	预告短视频第4条	预告短视频第5条		现场短视频第1条~第3条	现场短视频第4条~第6条	现场短视频第7条~第9条

总体而言，制定社群活动的宣传策略有以下几个步骤。

1. 明确活动目标

确定活动的主要目标，例如增加品牌知名度、促进产品销售、吸引新用户等，以便设定具体的 KPI（关键绩效指标）来衡量活动的效果。

2. 了解目标受众

研究目标受众，包括他们的兴趣、需求、活跃的平台等。可以创建用户画像，帮助社群运营者更好地理解目标群体。最终确定目标受众所在的社交媒体平台和社群。

3. 选择适合的社交平台

根据目标受众的活跃平台和偏好选择进行宣传的社交平台，如微信、微博、抖音、小红书等。可以考虑使用多个平台以扩大宣传范围。

4. 制定内容策略

创作吸引人的内容，如海报、视频、文章等，以引起目标受众的兴趣。要确保宣传内容简洁明了，能够快速传达活动的主要信息；要使用吸引人的标题和视觉元素，提高吸引力；可以制作不同形式的宣传内容以适应不同平台和受众的喜好。

5. 制订发布计划

确定宣传开始和结束的时间，确保活动前和活动期间有足够的宣传时间。要制订详细的内容发布计划，包括发布时间、发布频率、发布平台等。可以定期更新发布计划，以确保与活动进度保持一致。

6. 利用社群互动

鼓励社群成员分享活动信息，以扩大宣传范围。可以设置互动环节，如问答、抽奖等，提高社群成员的参与度；要定期回应社群成员的反馈和问题，增强与他们的互动。

7. 评估和调整

使用分析工具跟踪宣传效果，如点击率、分享率、转化率等。社群运营者要根据数据反馈调整宣传策略，优化宣传内容、发布时间等。并在活动结束后进行总结，分析成功和失败的原因，为未来的活动提供经验。

通过以上步骤，可以制订一个有效的社群活动宣传计划，并通过不断尝试和优化，找到最适合自己社群的目标受众和活动的宣传策略。

二、制作宣传内容

目前，社群线下活动的主流宣传渠道有微信公众号、微博及短视频平台。结合这 3 种平台的内容特点，要想宣传一场线下活动，需要进行长篇图文、微博文案、短视频 3 种形式内容的编制。

（一）长篇图文的编制要点

发布在平台的长篇图文可以推进活动的开展，如图 5-5 所示。文案确定后，社

群运营者要与设计沟通需求及时间节点，社群运营者可以找一些参考素材以减少沟通成本。此外，要注意与设计保持沟通，确保宣传图文准时制作完成，宣传图文经过测试没有问题后正式上线。

为了提高阅读量，可以在标题和正文的编写上使用以下技巧。

图 5-5 活动海报

1. 标题的编写技巧

编写标题时，社群运营者可以通过使用社群成员关注的话题的关键词，如当下的热门话题、名人趣事、社群成员的兴趣爱好、与社群成员息息相关的利益或目前正在进行的社群任务等，向社群成员提供有价值的或有反差的信息；或在标题中制造悬念，引起社群成员的好奇心和兴趣，让社群成员不由自主地打开并阅读文章。此外，在标题中加入与社群成员情况相匹配的标签，如地域、年龄、性别、收入、职业等方面的关键词，或者利用对话式标题，让社群成员感觉作者在和自己对话，可以增强文章的代入感和亲切感，提升文章的点击量，如图 5-6 所示。

2. 正文的编写技巧

在宣传内容的正文中，社群运营者需要先通过讲故事、提问题、场景化描述痛点等方法，使社群成员产生代入感，让社群成员在阅读故事、思考问题的答案及回顾自己相似经历的过程中关注自己，指出社群成员过去的行为或选择存在哪些不合理之处，让社群成员意识到自身的困扰和需求痛点；然后再将社群成员的需求与活动的价值联系起来，告知社群成员解决问题的方法，而参加线下活动能获得这些方法，即给社群成员一个不得不参加活动的理由，如图 5-7 所示。

项目五　组织线下活动

图 5-6　活动海报

图 5-7　活动海报

在正文中，社群运营者还可以通过权威背书、罗列数据、展示细节、展示往期反馈及评论来增强活动价值的说服力。

（1）权威背书：借助权威机构或组织的认证、业界权威或知名人士的背书，增强活动价值的说服力。

（2）罗列数据：利用社群成员的从众心理，罗列往期活动的参加人数、传播效果、成就数据、本期已报名人数等，激发社群成员的参与欲望。

（3）展示细节：为社群成员提供更具体的活动信息，让社群成员清楚、深入地了解活动价值，对活动价值产生信任感。

（4）展示往期反馈及评论：选择能解答社群成员疑问和满足社群成员核心需求的真实评论或成果进行展示，以证明活动的价值和效果，使社群成员打消心中的顾虑，增加社群成员对活动价值的信任。

在正文的最后，还可以进一步借助利益吸引社群成员，如强调活动的亮点、价格优势和优惠力度等，以促成转化。其中，强调价格优势是常用的营销策略，主要采取价格对比、提供附加价值的方式来引导社群成员参与活动。

（二）微博文案的编制要点

微博文案在此是指字数在 140 字以内的短文案。这种文案要求社群运营者在规定的字数范围内提炼出内容精华，用最为简洁、有趣的语言把信息有效地传达给社群成员，用最短的时间抓住社群成员的眼球，促成转化。

1. 制造话题，提高曝光度

微博作为人们日常分享交流的一个社交平台，社群运营者通过在微博平台上制造有热度、有趣味的个性化话题，可以快速引起社群成员的热议及互动讨论，促使社群成员自发地进行话题传播，提升社群品牌的曝光度及知名度，促成流量向销量的转化。

在微博上发布的话题主要分为两类，一类是根据社群定位、活动定位及目标人群定位发布的话题，用于突出社群活动的价值；另一类是借助热点发布的话题，即找到与社群文化、社群主题、社群价值相契合的热门话题，并将两者的共同属性结合起来，借势营销，提高品牌的曝光度及社群成员对活动的关注度。

2. 品牌联动，优势叠加

品牌联动指的是基于共同的目标受众，两个实力相当的品牌互相借势借力，最终实现优势叠加，达成共赢。这种模式要求社群已经拥有一定的知名度和影响力。社群的微博账号和合作品牌的微博账号各自发布关于合作的微博软文，充分发挥自身的优势，促使双方的微博粉丝参与互动，并引起微博平台其他社群和媒体的注意，从而达到共同提升品牌价值、进一步促成转化的目的。

3. 微博"大V"转发点评

微博"大V"的转发点评能够提高线下活动在微博平台的传播效率，增强其影响力。社群运营者可以邀请微博"大V"发布微博内容，并以他们的视角来点评线下活动。当有多个微博"大V"进行转发点评的时候，信息的传播将会更快、更广。

（三）短视频的编制要点

活动前期的宣传短视频有多种内容形式，如让社群运营者出镜介绍活动，邀请多名嘉宾出镜讲述个人与社群的故事，展示活动会场，通过剪辑嘉宾演讲的精彩片段来预告活动中的相关节目等，社群运营者可以根据素材按需选择。短视频的编制要点主要包括以下几个方面。

1. 明确主题和目标

需要明确短视频的主题和目标，这有助于确定内容、风格和调性，以便吸引目标受众。

2. 策划与创意

短视频的成功往往取决于其创意和策划，要制作吸引人的内容，需要有独特的创意和精心策划的故事线。

3. 时长控制

短视频的时长通常较短，因此需要在有限的时间内传达核心信息。要注意控制视频时长，避免内容过于冗长或简短。

4. 内容质量

内容是短视频的核心，要确保内容有趣、有价值、有吸引力，同时要符合目标受众的兴趣和需求。

5. 拍摄与制作

要使用适合的拍摄设备和软件工具，掌握拍摄技巧和剪辑技巧，使短视频的画面效果和节奏感达到最佳效果。

6. 音效与配乐

音效和配乐对于短视频的氛围和情感传达非常重要。要选择合适的音效和配乐，增强视频的感染力和吸引力。

7. 字幕与标题

短视频需要加上字幕和标题，以便观众更好地理解视频的内容和重点。字幕和标题要简洁明了，要能够吸引观众的眼球。

8. 发布与推广

要注意短视频的发布和推广，要选择适合的平台进行发布，并利用各种渠道进行推广，扩大视频的曝光度和影响力。

总之，短视频的编制要点包括明确主题和目标、策划与创意、时长控制、内容质量、拍摄与制作、音效与配乐、字幕与标题以及发布与推广等方面。通过综合考虑这些要点，可以制作出高质量、吸引人的短视频。

（四）报名通道设计

在宣传期，还需要设计线下报名渠道和报名方式。如果活动有收费项目，还要确定收费渠道、支付方式等内容。有的社群开展的线下活动只需要报名者付款即可完成报名，这时可以将活动设计成一款付费产品，将购买链接或二维码嵌入宣传内容，报名者只要点击链接或扫描二维码即可进入产品介绍页面，实现一键下单购买，如图 5-8 和图 5-9 所示。

图 5-8 活动海报

图 5-9 活动海报

也有一些社群开展的线下活动，报名者需要提交申请信息，审核通过后才可付费参加，这时报名者就需要先添加小助理的个人微信号，填写表单，审核通过后，才能

获得购买链接，付费后即报名成功。橙为的"流量经营闭门会"采用的就是这样的模式。

三、投放与监测效果

社群运营者需要有节奏地投放与活动相关的宣传内容，并实时监测投放效果。

1. 活动报名阶段

通过对活动价值的描述吸引社群成员线上报名

在活动的报名阶段，社群运营者需要向社群成员说明举办活动的目的、活动的性质、活动的内容，以及活动能给他们带来什么益处和影响等。这时的宣传会直接影响线上的报名情况和活动的传播范围，因此，在活动内容策划上既要准确又要具备吸引力。同时，社群运营者也需要根据报名效果来评估宣传效果，从而优化宣传策略。

2. 活动进行阶段

通过对活动内容的呈现吸引活动参与者进行线上转发和传播。

在活动进行阶段，优质的活动内容可以通过直播迅速在线上扩散开来。在这个过程中，社群运营者可以对所有活动参与者进行非官方、非正式的传播引导，引导大家在各自的微信朋友圈、微博等平台传播优质的活动内容。对于参与者发布的内容，社群运营者要注意引导其他人进行评论和转发。

3. 活动结束后

通过对活动的总结建立社群线上的口碑，提升影响力。

线下活动结束后，社群运营者要对活动进行真实的还原。有质量的总结，能够引发线上的二次传播，也能引发大家对下一次活动的期待。输出的与活动相关的文章需要包含数据、观点、故事，这样文章内容才会让人感到客观、真诚，让人觉得社群有价值且人性化。文章发布后，社群运营者还要注意监测文章的阅读量、评论量及评论的内容，以便总结宣传经验。

四、咨询接待与报名统计

社群运营者一定要及时统计报名情况，一旦发现报名人数过少，与预期人数差距过大，应及时反馈给总负责人，相关人员需要立即商讨是否增加投放渠道并增大投放力度，以保证活动人数与预期相符。

活动前，社群运营者要根据参与者报名时留下的联系方式（电话、短信等），通知报名成功的社群成员，以确认能够准时参加活动的具体人数。

如果报名情况良好，社群运营者可以适当加放 10%~20% 的名额，因为线下活动常常会有人因种种原因而不能到场，加放名额可以避免空座率过高，浪费成本。而如果到场的人数过多，适当加座即可解决。

> 扫一扫
>
> 圈层社交：青年网络社交新特点

任务 4　组织线下活动的执行期

一、明确活动的工作流程

明确活动的工作流程，即需要将活动执行期的诸多工作梳理成一个清单表，明确列出各个环节的工作模块、工作任务、具体内容、责任人、时间、完成情况等，让所有工作人员都明确活动当天在什么时间需要做什么事情。

线下活动的执行要点主要包括以下几个方面。

1. 策划与准备

在活动开始之前，要进行充分的策划和准备工作。这包括明确活动目标、确定活动主题、制定活动流程、安排活动场地、准备所需物资等。同时，要制作活动推进时间表，确保各项工作按时完成。

2. 宣传推广

通过多种渠道进行宣传推广，吸引目标受众参与活动。社群运营者可以利用社交媒体、网络平台、海报、传单等方式进行宣传。在宣传中，要突出活动的亮点和特色，吸引潜在参与者的兴趣。

3. 签到与接待

在活动现场，要做好签到和接待工作。社群运营者可以利用智能化的签到系统提高签到效率，减少等待时间。同时，要热情接待参与者，为他们提供必要的帮助和指导。

4. 活动流程管理

在活动进行过程中，社群运营者要严格按照活动流程进行管理，确保各个环节顺利进行，避免出现混乱或延误的情况。同时，要关注参与者的反馈和需求，及时调整活动安排以满足他们的期望。

5. 安全与秩序维护

在线下活动中，社群运营者要确保参与者的安全和活动秩序；要制定安全预案，

并配备专业的安保人员。同时，要加强对现场秩序的管理，避免出现拥挤、混乱等情况。

6. 后期总结与反馈

活动结束后，社群运营者要进行总结和反馈。分析活动的成功之处和不足之处，以便在未来的活动中改进。同时，要收集参与者的反馈意见，了解他们的满意度和需求，为未来的活动提供参考。

综上所述，线下活动的执行要点包括策划与准备、宣传推广、签到与接待、活动流程管理、安全与秩序维护以及后期总结与反馈等方面。认真执行这些要点，可以保证线下活动的顺利进行并取得预期效果。

> **想一想**
>
> 要编制活动的工作流程清单，需要先明确以下3个问题。
> （1）本次线下活动在执行期有哪些环节？
> （2）每个环节有哪些具体的工作内容？
> （3）每项工作内容的安排是否已经具体到人？
> 根据以上问题，列出活动的工作流程清单，既便于查漏补缺，又便于之后进行复盘。

二、做好嘉宾的接待工作

由于嘉宾对线下活动来说非常重要，社群运营者一定要做好嘉宾的接待工作。一般情况下，嘉宾的接待工作需要贯穿活动前、活动当天及活动后。

这3个时间段需要注意的事项分别如下。

1. 活动前

活动前，社群运营者需要做好以下几方面工作。

（1）在活动开始前3~7天，通过短信提醒嘉宾注意行程安排。

（2）在活动前3天，将接待人员的电话、从车站或机场到会场的详细路线等信息以短信或微信的方式发送给嘉宾，方便其安排出行计划。

（3）在活动前1天，给嘉宾发送一份"嘉宾行程手册"，手册中要包含当地天气情况、行程安排等，并与嘉宾沟通其在活动当天的活动安排，询问其是否需要接送服务。

2. 活动当天

社群运营者在活动当天接到嘉宾后，需要第一时间告知嘉宾活动的流程，包括预热、嘉宾或领导讲话、品牌宣传、互动环节、抽奖环节、活动后的合影环节及活动后的住宿安排等，以增强嘉宾对活动的整体了解。如果现场需要对嘉宾进行介绍，还要让嘉宾确认介绍文案。如果嘉宾到达会场的时间较早，则需要为嘉宾安排一个休息的地方，准备茶水时要询问嘉宾习惯饮用什么饮品，尽可能为其准备妥当。

在活动开始前，需要了解嘉宾对演讲设备和 PPT 的要求，如是否需要投影仪、是否需要无线话筒、是否用自己的计算机（如果是，需要提前测试计算机和投影仪是否可用）、是否对 PPT 的版本有要求、是否需要遥控笔、是否需要白板等。

此外，社群运营者需要提前询问嘉宾的时间安排。如果嘉宾行程紧张，则需要在活动开始时就事先告知大家，嘉宾可能还要赶赴其他地方，不能多留，机会难得，请大家在互动环节抓住机会进行提问。

活动结束后，如果有正式的餐饮安排，需要向嘉宾介绍主人和陪客，就餐期间尽量让嘉宾感觉放松。如果没有正式的餐饮安排，只是便饭，也需要感谢嘉宾支持社群的工作。

活动后，往往会有很多社群成员找嘉宾签名、合影，因此需要将嘉宾安排在一个专属座位以便签名。嘉宾签名时，需要组织工作人员维护秩序、控制时间，以免耽误嘉宾后续的行程。

3. 活动后

活动结束后，需要有专门的工作人员将嘉宾送到目的地。如果嘉宾需要在当地留宿，应该有专人负责第二天接送嘉宾，以免耽误其行程。

活动结束后的 1~2 天内，要给嘉宾发一封感谢信。在感谢信中，首先要感谢嘉宾的到来和支持，其次就活动情况做汇总式反馈，最后请嘉宾对活动本身提出建议、指出不足之处，以便下次改进。此外，还需要随信附上精选的现场照片，以便嘉宾留作纪念或上传至自己的新媒体账号。

以上这些接待细节大多能得到嘉宾的赞赏，为后续的长期合作奠定良好的信任基础。

素养园地

中国具有五千年文明历史，素有"礼仪之邦"之称，中国人也以其彬彬有礼的风貌著称于世。礼仪文明作为中国传统文化的一个重要组成部分，对中国社会历史发展起着广泛深远的影响。

任务 5　组织线下活动的复盘与展示

一、线下活动的复盘

1. 回顾目标

线下活动复盘的第一步是回顾目标。是否实现目标是评判这场活动成功与否的标准。将线下活动的实际结果与目标进行对比，社群运营者就可以总结出这场线下活动的效果如何。回顾目标步骤分为两个小步骤：展示目标、结果对比。

(1) 展示目标。

在线下活动的策划期，社群运营者往往已经根据实际情况确立了合适的目标。此时只需要把策划期的目标展示出来即可。

展示目标是将既定目标清晰明确地写在显眼之处。例如写在白板上或者投影在屏幕上，让参加复盘会议的所有成员都能看到，实时回顾、实时对比，确保整个复盘会议一直围绕目标进行。

(2) 结果对比。

结果对比即将线下活动的实际结果与希望实现的目标进行对比，找出两者的差距。只有了解两者的差距，才能在后续的复盘过程中分析出现这种差距的原因，探究实现目标的有效方法。

在线下活动复盘中，实际结果与目标的对比往往会出现 4 种结果：实际结果比目标好、实际结果与目标一致、实际结果不如目标、实际结果偏离目标。回顾目标的目的是发现存在的问题，为后续的分析提供方向。因此，在后续的分析中，需要重点分析"实际结果不如目标"和"实际结果偏离目标"这两种情况，找出"实际结果与目标不一致的地方在哪里"和"为什么会出现这样的差距"的答案。

2. 描述过程

描述过程是为了找出哪些操作过程是有利于目标实现的，哪些是不利于目标实现的。过程是分析实际结果与目标之间的差距的依据。因此，在描述过程时，需要遵循以下 3 个原则。

(1) 真实客观，即社群运营者需要将线下活动的整个工作过程真实、客观地记录下来，不能主观地美化，也不能进行有倾向性的筛选。

(2) 全面完整，即社群运营者需要提供线下活动工作中各个方面的信息，每个方面的信息都需要描述完整。

(3) 细节丰富，即描述在什么环节，谁用什么方式做了哪些工作，产生了什么样的结果。例如，在宣传期，哪些人在什么时间、在哪个平台发布了什么宣传内容，这些宣传内容是什么类型的，阅读量有多少，评论量有多少，评论回复量有多少，工作人员都是在什么时间看评论和回复评论的，等等。线下活动的整个工作过程的细节并不需要全部描述，但需要对与差距有因果关系的细节进行详细描述。

基于这 3 个原则，描述的过程要与实际工作过程一致。社群运营者可以从活动策划说起，按照工作推进的过程，分阶段进行文字记录，尽可能做到"情景重现"。

需要说明的是，文字记录虽然比口述麻烦，但却是最合适的一种过程记录方法。因为通过文字记录，社群运营者可以很轻易地检查出遗漏的信息、不完善的信息或虚假的信息，并对记录内容进行修改和完善，从而为后续的复盘工作提供较为可靠的分析依据。

3. 分析原因

分析原因是线下活动复盘的核心步骤。只有原因分析到位，整个复盘过程才是有成效的。分析原因时，通常情况下，社群运营者可以从"与目标不一致"的地方入手,连续追问"为什么",经过多次追问后,往往能探究到问题背后真正的原因,从而找出解决办法。

社群运营者可以从以下 3 个角度展开追问。

(1) 从"结果原因"的角度问"为什么会发生?"。

(2) 从"检查问题"的角度问"为什么没有发现?"。

(3) 从"暴露流程弊端"的角度问"为什么没有从流程上预防(事故/糟糕结果)?"。

从这 3 个角度连续多次追问"为什么",往往就可以得出相应的结论。这些结论可能就是出现问题的根本原因。

4. 提炼经验

分析完原因,社群运营者往往已经意识到了一些问题,甚至还能总结出一些经验,讨论出一些方法。然而,这样归纳出来的经验和方法并不能直接使用,任何经验和方法都需要进行逻辑推演,看看是否符合因果关系,即是不是符合"因为做了哪些事情,所以出现了什么样的结果"的逻辑。只有符合因果关系,才是可参考的经验和方法,才有指导价值。

如何对经验和方法进行逻辑推演呢?社群运营者可以根据各种小结论、工作环节的"可控性"来进行逻辑推演。

根据程度的不同,可控性可以分为可控、半可控、不可控 3 个类别。

(1) 可控是指社群运营者可以控制所有的环节和成果。

(2) 半可控是指社群运营者只能掌控部分环节和部分成果,还有一些环节和成果是无法掌控的。

(3) 不可控是指社群运营者的工作成果由其他人或其他事件决定,完全不受自己的控制。

不难看出,"可控环节"及"半可控环节中可控的部分"是社群运营者在之后的活动中能够有所提高的部分,可以作为经验保存下来,并用来指导后续的活动策划和执行工作。而其他的不可控部分由于无法预判结果,且其相关结论在下次活动中可能不会出现,就不具备指导意义,也就不能作为经验或方法。

可见,线下活动复盘的核心就是从一场具体的线下活动中提炼出经验和方法,从而解决所有线下活动中可能出现的一个问题甚至一类问题,优化线下活动的运营效果。

> 💡 **想一想**
>
> 怎样才算是成功的线下社群活动呢?

5. 编写文档

编写文档是将线下活动复盘过程中发现的问题及其原因、得出的经验和改善方法,以文字的形式记录下来,编写成册。编写文档看起来只是一个微不足道的环节,但在增长社群运营者的活动运营知识方面有极其重要的作用。

首先，编写文档可以为社群运营工作留下真实、准确的记录，避免遗漏或遗忘重要事项。其次，编写文档将活动过程、活动经验变成了具有一定逻辑结构的显性知识，可查阅、可传播，从而能够避免社群运营者在同样的问题上再次支付学习成本。再次，文档方便存储、提取，让社群运营者在需要时，可以快速查找、快速拿来借鉴使用，提高工作效率。最后，文档还有利于进行对比学习。社群运营者通过不断地将刚完成的线下活动文档与过去存储的经验文档进行对比，可以加深对事物本质的认识，甚至提炼出新的认识事物的方法。总之，编写文档虽然不是线下活动复盘过程的核心步骤，却是社群运营者学习经验的一个重要资料来源，是不可或缺的。

二、线下活动的展示

（一）朋友圈展示

微信朋友圈（图 5-10）是展示自己生活、情感和思考的平台。很多人选择在朋友圈发布有趣、有启发性的内容，吸引更多人的关注和互动。朋友圈的内容可以是生活中的趣事、工作中的收获、读到的好书或文章等。同时，也可以分享一些有价值的信息，如行业动态、生活小技巧等。积极参与朋友圈的互动，回应他人的评论和点赞不仅可以增强你与他人的联系，还可以让更多人了解你的观点和态度。同时，也要关注他人的朋友圈，给予他们关注和支持。

图 5-10　朋友圈（一）

如果想在朋友圈中推广自己的品牌或产品，请注意方式和频率。过于频繁或明显的广告推广可能会引起他人的反感。可以尝试将品牌或产品融入日常生活分享中，使其以更自然的方式呈现。图片与视频视觉元素在朋友圈中非常重要。可以使用高质量的图片或视频来增加内容的吸引力。这些图片或视频可以是原创拍摄的，也可以是从其他平台获取的，如图 5-11 所示。但请注意，使用他人作品时要尊重版权。

图 5-11　朋友圈（二）

在朋友圈展示社群的线下活动时，可以遵循以下步骤和策略。

1. 精心策划活动

（1）确保线下活动有足够的吸引力，包括活动主题、内容、嘉宾、互动环节等。

（2）确定活动的时间、地点和参与人群，以便在朋友圈进行有针对性的宣传。

2. 制作吸引人的海报和文案

（1）设计一个视觉冲击力强的海报，突出活动的亮点和特色。

（2）编写简洁明了的文案，说明活动的时间、地点、主题和参与方式。

3. 提前预热

在活动开始前的一两天，可以开始在朋友圈发布预告信息，引发关注和期待。可以发布一些与活动相关的背景故事或趣味信息，增加话题性和互动性，如图 5-12 所示。

图 5-12　朋友圈（三）

4. 现场直播或拍照分享

如果条件允许，可以进行现场直播，让朋友圈的好友实时了解活动进展。如果不能直播，则可以在活动现场拍摄精彩的瞬间和照片，并发布到朋友圈，如图 5-13 所示。

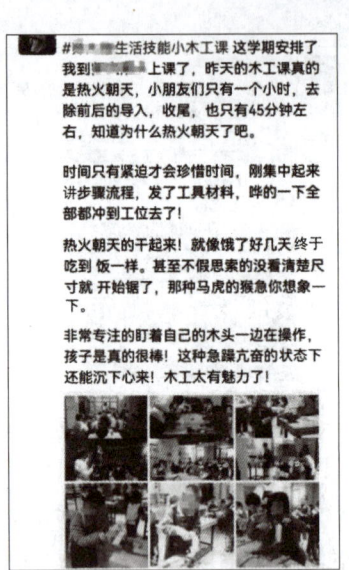

图 5-13　朋友圈（四）

5. 分享感受和收获

活动结束后要及时发布自己的感受和收获，分享活动中的精彩瞬间和故事。也可以邀请其他参与者一起分享他们的体验和照片，增加互动和参与度。

6. 设置互动环节

在朋友圈中设置互动环节，如问答、投票、抽奖等，吸引更多人参与和转发。也可以设置一些与活动相关的奖励或福利，增加参与度和传播效果。

7. 持续推广

如果活动有多期或是系列活动，可以在每一期开始前和结束后都进行宣传和推广。社群运营者可以将历史活动的照片和回顾整理成合集，再发布到朋友圈，吸引更多人关注和参与未来的活动，如图 5-14 和图 5-15 所示。

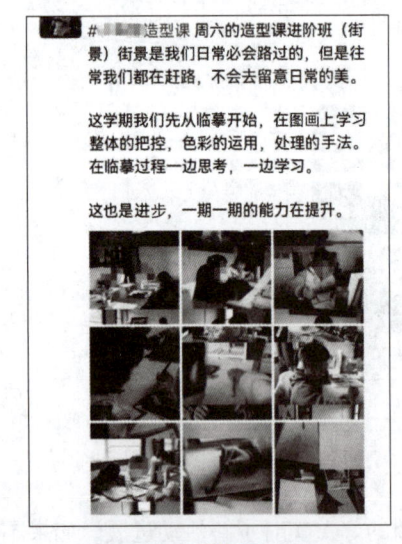

图 5-14　朋友圈（五）　　　　　图 5-15　朋友圈（六）

总之，通过以上步骤和策略，可以在朋友圈有效地展示社群的线下活动，吸引更多人关注和参与。同时，可以增加社群的凝聚力和影响力，促进成员之间的互动和交流。

素养园地

清朗的网络空间需要大家共同维护！让我们一起，坚持文明上网，传播正能量。构建文明和谐的网络生态环境！

（二）公众号展示

微信除了可以在朋友圈展示活动，还可以在公众号上展示社群的线下活动，可以采用以下几种方式。

1. 活动预告

在活动开始之前，社群运营者可以在公众号上发布活动预告，包括活动主题、时间、地点、参与方式等信息。预告中可以包含精美的海报和吸引人的文案，以吸引用户关注和参与。

2. 活动直播

如果条件允许，社群运营者可以通过公众号进行活动的直播。直播可以吸引更多用户参与，并且可以让未能到场的用户感受到活动的氛围。在直播过程中，可以通过弹幕、评论等方式与用户进行互动，提高用户的参与感。

3. 活动回顾

在活动结束后，社群运营者可以发布活动回顾文章或视频，对活动进行总结和回顾。回顾中可以包含活动的亮点、精彩瞬间、用户反馈等内容，让用户对活动有更深入的了解和认识。

4. 社群互动

在公众号上建立社群，让用户可以在社群中交流和分享关于线下活动的信息和感受。社群运营者可以在社群中发布活动相关的话题和讨论，鼓励用户参与讨论并分享自己的见解和体验。

5. 报名链接

在公众号上发布活动的报名链接或二维码，方便用户快速报名参与。社群运营者可以在文章中设置报名入口，或者在菜单栏中添加报名按钮，让用户可以方便地找到报名链接。

总之，通过活动预告、直播、回顾、社群互动和报名链接等方式，可以在公众号上充分展示社群的线下活动，吸引更多用户参与和关注。同时，社群运营者也需要注意内容的质量和呈现方式，更好地提高用户的阅读体验和参与度。

知识窗

什么是订阅号、服务号？

一、订阅号

订阅号为媒体和个人提供了一种新的信息传播方式，订阅号的主要功能是在微信侧给用户传达资讯，功能类似报纸杂志，提供新闻信息或娱乐趣事。

适用人群：个人、企业、政府或其他组织。

群发次数：订阅号（认证用户、非认证用户）1天内可群发1条消息。

温馨提示：

如果想在公众平台简单发布消息，做宣传推广服务，建议选择订阅号。

微信订阅号

二、服务号

服务号为企业和组织提供了更强大的业务服务与用户管理能力，主要偏向服务类交互，功能类似"12315""114"、银行，提供绑定信息，服务交互等。

适用人群：企业、政府或其他组织。

群发次数：服务号1个月（按自然月）内可发送4条群发消息。

温馨提示：

如果想用公众平台进行商品销售，建议选择服务号，后续可认证后再申请成为微信支付商户。

微信服务号

（三）公众号制作

制作公众号推文的过程可以分为以下几个步骤。

1. 确定主题和内容

首先需要确定推文的主题和内容，这可以根据公众号的定位和目标受众来确定。推文的主题要具有吸引力和价值性，内容要简洁明了，要符合读者的阅读习惯和兴趣点。

2. 设计封面和标题

封面和标题是推文的重要组成部分，它们能够吸引读者的眼球并引导他们点击阅读。推文的封面要美观大方，要与主题相关，可以使用品牌 Logo 或图片作为背景。标题要简洁明了，突出主题，要具有吸引力。

3. 编写正文内容

正文内容需要围绕主题展开，要具有逻辑性和条理性。段落要分明，避免出现大段的文字，以方便读者阅读。同时，编写正文要注意语言的准确性和规范性，避免出现错别字或语法错误。

4. 添加图片和视频

在推文中添加适当的图片和视频可以增强文章的可读性和吸引力。图片和视频要与主题相关，要清晰美观。同时，使用图片和视频要注意版权问题，要避免使用未经授权的图片或视频。

5. 设置引导语和链接

可以在推文的开头或结尾处添加引导语，引导读者进行点赞、转发、评论等操作。同时，可以添加相关链接，引导读者进一步了解或购买相关产品或服务。

6. 排版和发布

最后，需要对推文进行排版和发布。排版要简洁明了，符合读者的阅读习惯和审美需求。发布时间要合理，避免在读者忙碌的时间段发布。

总之，制作公众号推文需要注意主题和内容的确定、封面和标题的设计、正文内容的编写、图片和视频的添加、引导语和链接的设置以及排版和发布等方面。同时，社群运营者也需要不断学习和提升自己的写作技巧和排版能力，制作出更具吸引力和价值的推文。

（四）视频号展示

利用视频号展示社群活动，可以吸引更多人的关注和参与，提高社群的活跃度和凝聚力。在活动开始之前，社群运营者可以发布预告视频，简要介绍活动的主题、时间、地点和亮点，并利用吸引人的封面和标题引起用户的兴趣。同时，可以在社群内部进行宣传，鼓励成员积极参与并分享给更多人。如果条件允许，可以考虑对活动进行现场直播。通过视频号的直播功能，可以让未能到场的用户也能实时观看活动。在直播过程中，可以与观众互动，回答他们的问题，提高观众的参与感。活动结束后，可以制作一个回顾视频，总结活动的亮点、精彩瞬间和成果。

回顾视频可以加入配乐、字幕等元素，提高观赏性。同时，可以将回顾视频分享到社群和视频号上，让更多人了解活动的盛况。也可以在视频号上设置互动环节，如投票、评论、抽奖等，鼓励观众参与并分享他们的看法和体验。还可以设置一些奖励机制，吸引更多人参与互动。

此外，社群运营者要积极回应观众的评论和反馈，增强与他们的互动和联系。可以与其他相关的社群或视频号进行合作与联动，共同推广和展示活动。也可以邀请其他社群的成员参与活动，或者与其他视频号进行互推，扩大活动的影响力和参与度。

总之，利用视频号展示社群活动需要综合运用预告与宣传、直播活动、活动回顾、互动与参与以及合作与联动等策略。通过精心策划和执行，可以吸引更多人的关注和参与，提高社群的活跃度和凝聚力。高品质的视频质量和内容价值，可以提高用户的观看体验和满意度。

> **知识窗**
>
> 微信视频号的推送规则主要基于四个方面：社交推荐、个性化定位推荐、搜索推荐和赛马机制。

（五）小视频制作

制作视频号的小视频，可以遵循以下步骤。

1. 确定主题和内容

首先，需要确定你想要拍摄的视频主题和内容。要考虑你的目标受众和他们的兴趣，选择有吸引力的主题。同时，制定一个清晰的剧本或大纲，明确你的视频要传达的信息和情节。

2. 拍摄视频

选择合适的设备，如手机或相机，进行视频拍摄。要确保画面稳定、清晰，声音清楚。要遵循你的剧本或大纲，捕捉重要的场景和细节。

3. 视频剪辑

使用专业视频编辑软件（如 Adobe Premiere、Final Cut Pro 等）或者手机 App 秒剪、剪映、美图秀秀或者手机自带的剪辑工具等对拍摄的视频进行剪辑，删除不必要的部分，添加转场效果，使视频更加流畅和吸引人。

4. 添加特效和音效

根据需要，可以添加一些特效，如颜色调整、滤镜、动画等，以增强视频的视觉效果。同时，要确保音频清晰，可以添加背景音乐或音效来增强视频的氛围和情感。

5. 调整视频参数

在导出视频之前，要确保视频的分辨率、格式和画质都符合平台发布的要求。要选择适当的分辨率和帧率，以确保视频在视频号上播放时能够保持清晰和流畅。

6. 预览和导出

完成视频编辑后，预览视频确保其质量和效果符合要求。然后，导出视频并上传到视频号上，如图 5-16 所示。

图 5-16 视频号展示

在制作视频号小视频时,还需要注意以下几点。

1. 保持视频时长简短

视频号的视频时长通常较短,要尽量控制在 1 分钟以内,以吸引观众的注意力。

2. 添加亮点和吸引力

可以在视频中添加一些有趣的元素、独特的效果或引人注目的情节,吸引观众的兴趣和好奇心。

3. 使用合适的封面和标题

为视频选择一个吸引人的封面和标题,可以在视频号上更好地吸引观众的点击和观看。

最后,不断学习和实践是提高视频号视频制作技能的关键。通过不断尝试新的创意和技术,可以制作出更加精彩和吸引人的小视频。

(六)小红书展示

小红书的用户群体以年轻女性为主,大部分用户为"90 后"和"00 后",他们对产品和品牌具有较高的认同度,因此成为品牌营销的重要目标对象。同时,小红书的流量分发逻辑和用户喜好推送机制,使品牌可以针对用户兴趣进行精准推送,增加品牌曝光和销售机会。小红书的特点在于其真实性、内容丰富性、社交属性、电商属性、精细化内容以及视频内容等方面,这些特点使小红书成为一个备受欢迎的社交电商平台,如图 5-17 所示。

图 5-17 小红书展示

小红书的特点主要体现在以下几个方面。

1. 真实性强

小红书强调真实分享，内容多以用户的个人使用体验、心得分享为主，具有很强的真实感。

2. 内容多样

小红书中发布的内容涵盖了时尚、美妆、护肤、读书、电影、旅行、美食、健身等多个领域，内容丰富多样。

3. UGC 模式

小红书用户可以自由发布内容，使平台上的内容更加多元化。

4. 社交属性强

小红书不仅可以分享经验，用户还可以在平台上互相关注、点赞、评论和私信，形成了强社交关系。

5. 电商属性强

小红书上可以直接购买所分享的商品，用户可以在平台上直接进行购物。

6. 精细化内容

小红书中发布的内容主要以生活、购物、美食、美妆、旅游等为主题，而且以图文形式呈现，质量比较高。

7. 视频内容

除了图文形式的内容，小红书还提供了短视频功能，用户可以通过视频来分享自己的经验和生活方式。

知识窗

想要玩转小红书，就必须了解小红书的推送规则。小红书的推送规则主要是基于内容质量和用户行为数据来进行评估和排序。以下是一些关键规则。

1. 内容质量

小红书重视内容的质量和原创性。高质量、有趣、有用的内容更容易被推荐给用户。同时，内容的排版、图片和视频的清晰度、文字描述的准确性等因素也会影响推荐效果。

2. 用户行为数据

小红书会根据用户的浏览、点赞、收藏、评论和分享等行为数据来评估内容的受欢迎程度。如果一篇内容被用户频繁互动，那么它就更有可能被推荐给更多用户。

3. 个性化推荐

小红书会根据用户的兴趣、偏好和历史行为数据来推荐相关分享。例如，如果用户经常浏览美妆类内容，那么系统就会推荐更多与美妆相关的内容。

4. 热门话题和标签

小红书会关注当前的热门话题和标签，并根据这些话题和标签来推荐相关内容，有助于用户发现更多与自己兴趣相关的内容。

5. 账号权重

一些权重较高的账号（如认证用户、"大V"等）发布的内容更容易被推荐给用户。因此，提高账号权重也是提高内容推荐效果的一种方式。

需要注意的是，小红书的推送规则并不是一成不变的，而是会根据平台的发展、用户需求的变化以及算法的优化等因素进行调整。因此，创作者需要持续关注平台动态，了解最新的推送规则，以便更好地优化内容并提高推荐效果。

（七）小红书运营

利用小红书推动社群活动是一种有效的策略，可以通过以下步骤实现。

1. 明确社群活动目标

首先，确定你的社群活动目标，比如增加用户参与度、提高品牌知名度、促进产品销售等。这将有助于你制定针对性的策略和内容。

2. 创建小红书活动页面

在小红书上创建一个专门的活动页面，用于发布活动信息、日程安排、参与方式等。要确保页面设计简洁明了，信息清晰易懂。同时，可以利用小红书的视觉效果，通过精美的图片和吸引人的标题来吸引用户的关注。

3. 利用话题标签

在发布活动相关内容时，使用相关的话题标签，可以增加内容的曝光量和参与度。同时，鼓励用户在使用话题标签时@你的品牌或账号，提高品牌知名度。

4. 直播推广

如果条件允许，可以考虑进行活动的现场直播。通过小红书的直播功能，可以让未能到场的用户也能实时观看活动。在直播过程中，与观众互动，回答他们的问题，提高活动的吸引力和参与度。

5. 设置互动环节

在小红书上设置互动环节，如评论、点赞、分享等，鼓励用户参与并分享他们的看法和体验。还可以设置一些奖励机制，如优惠券、礼品等，吸引更多人参与互动。

6. 合作与联动

与其他相关的小红书账号或社群进行合作与联动，共同推广和展示活动。如可以邀请其他社群的成员参与活动，或者与其他账号进行互推，扩大活动的影响力和参与度。

7. 发布活动回顾

活动结束后，发布活动回顾，总结活动的亮点、精彩瞬间和成果。这不仅可以增加用户对活动的了解，还可以为未来的活动提供借鉴和参考。

8. 注意事项

为了确保社群活动的成功，还需要让活动内容与目标受众相关，以吸引他们的兴趣。社群运营者要定期更新活动信息，保持用户的关注度；要及时处理用户的反馈和建议，提高用户体验。

通过以上步骤和注意事项,可以利用小红书成功推动社群活动,增加用户参与度、提高品牌知名度并促进产品销售。

能力训练

训练任务:以小组为单位,策划一场线下活动,并将策划内容填写在表 5-7 中。

表 5-7 线下活动策划

某社群线下活动	
目标与预算	
主题与内容	
时间与地点	
计划与流程	
人员安排	
宣传推广	

任务评价

序号	评分内容	总分	教师打分	教师点评
1	对各项策划工作的内涵,是否把握准确	25		
2	对各项策划工作的内容,是否考虑周到	25		
3	对各项策划内容的解决,是否思路清晰	25		
4	具体实施细则,是否具有可行性	25		
	总分	100		

项目六　组建优质运营团队

学习目标

知识目标

1. 了解如何搭建团队框架；
2. 了解如何发现人才；
3. 了解并熟悉培育新人的方法；
4. 了解核心人才流失的原因及留住人才的对策；
5. 了解什么是社群 KPI；
6. 了解社群运营 KPI 的类型。

技能目标

1. 掌握如何构建社群团框架；
2. 掌握发现人才的方法；
3. 掌握培育新人的方法；
4. 掌握核心人才流失的原因及留住人才的对策；
5. 掌握 KPI 的概念及设置办法。

素养目标

1. 具备团队协作精神，小组能够协调分工完成各项任务；
2. 具备创新意识，能够在组建社群运营团队的过程当中有独到的见解；
3. 具备敏锐的洞察能力，能够在壮大社群运营团队的过程中慧眼识才；
4. 具备资源整合能力和管理能力，能够借助外部力量壮大社群队伍并管理社群团队。

任务 1　建立社群运营团队

美国人类学家拉尔夫·林顿说过："强有力的部落群体必须具备三个特征：相似的文化、频繁的互动以及共同的利益。"社群是一个有共同兴趣爱好、需求和价值观的集合体，集合体需要管理才能保持正常运转。

一个发展良好的社群离不开优秀的运营团队。运营团队是社群的灵魂，他们负责制定社群的发展策略、策划和组织各种活动、维护社群秩序、提供服务等，是社群持续发展和成长的关键。

素养园地

合作取食的猴子

一、搭建合适的社群组织架构

1. 确定社群定位

在建立一个活跃的社群运营团队之前，首先需要明确社群的定位。这包括目标受众、社群的目的和价值主张等。只有明确了社群的定位，才能有针对性地选择合适的团队成员并制定相应的运营策略。例如，一位全职妈妈建立了一个母婴产品社群，每日分享"婴儿护理""母婴教育"等方面的内容，其他妈妈自然也会优先关注到这个社群，继而考虑社群中推荐的产品。在建立社群运营团队之前，首先应有这样的社群思维：在社群定位准确的情况下，社群越垂直，用户的归属感就越强。这也是由人们的消费心理决定的。

社群定位决定了社群的目标、特点、成员群体和价值取向，为运营团队提供了方向和基础，如图 6-1 所示。而社群运营团队则是实现社群定位和目标的关键，通过团队成员的分工和协作，制定运营策略、策划活动、维护社群秩序、提供服务等，以确保社群的持续发展和成长。

图 6-1 社群定位

知识窗

社群定位方向

社群定位一般可以分为两个方向：一是物质导向的初级产品资源型社群。这类社群的定位主要围绕物质需求和资源分享展开，如某品牌的会员群，让群成员花更少的钱买到优质产品，培养群成员的品牌忠诚度。二是精神文化导向的高级知识型社群。这类社群的定位主要是知识分享、专业交流和文化体验。比如学术研究社群、艺术文化社群等，成员主要追求知识价值、互动交流和情感认同，如古代就有的各种"诗社"，最有名的诗社是《红楼梦》大观园里各位佳丽创建的"海棠诗社"。

2. 搭建社群框架

在明确社群定位之后，搭建社群的运营框架是确保社群能够高效、有序运行的关键步骤。搭建社群运营框架是一个动态的过程，需要不断地调整和优化。所以，社群框架必须依据社群所处的发展阶段来设计。

社群刚刚建立、成员较少时，社群只需要具备基本的运营功能即可。在此阶段，社群中的核心人员会直接参与到社群运营管理中。随着社群的发展，社群成员数量增加，就需要把管理层与执行层分开。管理层讨论通过决策问题，在执行层中扩散，再由执行层进行具体的社群运营操作。因此，社群一般情况下可分为核心管理层、核心运营层以及执行运营层，如图6-2所示。

```
                        ┌─ 核心管理层
              ┌─ 管理层 ─┤
社群运营框架 ─┤          └─ 核心运营层
              └─ 执行层 ─ 执行运营层
```

图6-2 社群运营框架

（1）核心管理层。核心管理层包括社群负责人、社群管理团队等，负责制定社群的发展战略、运营策略和管理制度，指导社群运营和管理工作。他们的主要任务是确保社群长期发展和稳定运行。

（2）核心运营层。核心运营层包括社群内容运营、活动运营、用户运营等团队，负责制定和执行社群的内容策略、活动计划和用户互动，提高社群的活跃度和黏性。他们积极参与社群的日常运营和活动组织，帮助核心管理层维护社群秩序、制定社群规则，以及组织各种线上和线下活动。他们的主要任务是增强社群的凝聚力和活跃度。

（3）执行运营层。执行运营层是具体的执行团队，负责执行社群运营计划和活动，处理用户的反馈和问题，确保社群的正常运行。他们在社群中积极参与讨论和互动，为社群提供有价值的内容和信息，帮助核心管理层和核心运营层实现社群的目标和任务。执行运营层的主要任务是参与社群活动、传播社群文化和扩大社群影响力。

通过划分这三个层次，可以对社群进行更加有序的管理和运营，实现社群的目标和任务，增强社群的凝聚力和影响力。同时，社群框架的构建有助于激发社群成员的积极性和创造力，让每个成员都能在社群中找到自己的位置和价值。这 3 个层次共同协作，形成完整的社群运营框架，能确保社群的稳定发展和良好用户体验。

二、招募合适的人才

建成社群运营团队框架后，就需要招兵买马，寻找优秀的人才来壮大团队，一是为社群注入新鲜血液，二是减轻老社群成员的工作负担。在招募过程中，不仅需要关注候选人的专业背景和经验，还应重点关注其团队合作能力、创新能力以及沟通能力等软实力。同时，社群运营者要适当进行面试和考察，以确保所招募的人员能适应社群运营工作。社群运营者可以从以下 5 个方面来进行人才选拔。

1. 具有一定才华

（1）能够创造出有吸引力、有价值、能够引起社群成员共鸣的内容，内容要包括文章、视频、图片等多种形式，以提升社群的活跃度和成员的参与度。

（2）能够有效地规划和执行社群活动，与团队成员和合作伙伴保持良好的沟通，确保项目的顺利进行。

（3）具备吸引和留住社群成员的能力，能建立和维护社群与成员之间的关系，使社群保持活跃和稳定。

（4）具备数据分析能力，能够理解和分析社群数据，如用户行为、参与度、增长趋势等，以便优化运营策略，提升运营效果。

2. 执行力强

执行力是指一个人在实际行动中能够快速、高效地完成任务的能力。良好的执行力是克服拖延、保持动力、高效完成工作，并最终达到预期的目标。社群运营人员不但要有才华，还需具备较强的执行力，这是因为社群运营往往需要快速响应市场变化，有效地执行各种策略和活动。考察人才的执行力，一般通过观察候选人在执行任务时是否能够按时按质完成，是否有拖延或疏漏的情况。社群运营者可以给候选人安排一项工作，看他能不能如期并保质完成。

3. 能稳定产出

能稳定产出的人通常具备以下特点：高度专注和投入，有充足的时间和精力来完成任务，经验丰富，能够提供高质量的工作成果。能稳定产出的人才可能做出有质量的工作，社群则要做好有效信息的输出及用户的维护。在社群中，人们可以交流和分享各种知识和经验，从而获得有价值的信息，稳定产出的人通常会积极参与社群的讨论和交流，为其他成员提供专业的意见和建议，进而提高整个社群的质量和价值。稳定的产出还能起到用户维护的重要作用，稳定产出的人通过积极参与社群活动，与其他成员建立联系，并与他们保持长期的互动。这种关系提高了用户的忠诚度和黏性，使他们更愿意留在社群中，并持续享受社群所提供的信息

和资源。

4. 对社群文化有认同感

在社群发展壮大的过程中，运营团队常常会遇到各种困难。不认同社群文化、不认同社群价值观的人是不会一直跟着社群走下去的。因此，拥有真正认同社群文化和价值观的人才对于社群运营团队非常关键。他们能够帮助社群建立和维护一个积极、有价值和有凝聚力的环境，从而推动社群的成长和发展。这些人才能够更好地理解社群的特点和需求，使他们更能够有效地与社群成员互动和沟通。认同社群文化和价值观的人才还可以成为社群的文化传承者和引领者，他们能够积极引导和影响社群成员，确保社群在不同的环境中保持一致性和连贯性，并保持社群的积极氛围和共同目标。

5. 自带资源

任何团队都很难抗拒一个自带资源的新人，因为有些资源并不是后期通过培养就一定能够得到的，如人脉资源等。有资源的人才可以优先考虑让其加入运营团队。

思考： 假设为你所在的学校社团选拔新成员，你能想到哪些选拔标准？

三、如何发现人才

1. 通过社群招募

在现有社群里发布招聘信息是目前简单易行、针对性强、有效性也极高的一种招聘方式。因为社群成员大多是兴趣爱好或职业相似的人，所以社群运营者可以在社群里发布招聘信息来招聘人才，如图6-3所示。

图6-3 社群招募令

2. 老员工推荐

老员工推荐是社群招募人才的一个重要渠道。通过老员工的推荐，社群运营者可以减少筛选候选人的工作量，节省在筛选和面试过程中的时间和资源。此外，老员工成功推荐新员工加入团队，能增强团队之间的联系和凝聚力。这种"内部推荐"的文化可以促进员工的归属感和团队精神。因此，社群运营者可以鼓励老员工发挥自身的人际关系优势，介绍和吸引优秀人才加入社群，解决社群用人问题。

3. 现场招聘

现场招聘会是一种传统的招聘方式，具有直观、互动性强的特点。现场招聘会通常由当地人才市场或招聘机构组织，人才市场和招聘机构会根据招聘需求和求职者的需求，定期举办不同规模的招聘会。在招聘会现场，招聘方和求职者可以直接交流，方便双方相互了解和筛选。此外，一些大型招聘会还设有专场招聘会、行业招聘会等，针对性更强，这些专场招聘会能提高招聘效率和成功率。需要注意的是，现场招聘会存在一定的局限性，如招聘效果受到时间和空间的限制，对于一些偏远地区的公司和求职者来说可能较为困难。因此，在选择现场招聘的方式时，需要结合实际情况和需求进行评估和选择如图6-4所示。

图6-4 现场招聘

4. 网络招聘

网络招聘是一种非常普遍的招聘方式，可以通过各种在线招聘平台、社交媒体平台、招聘网站等渠道进行。网络招聘的优点包括覆盖面广、效率高、成本低、不受时间和地点限制等。具体来说，网络招聘可以按照发布招聘信息、筛选简历、安排面试、发送offer等步骤进行。同时，网络招聘平台还可以提供在线面试、视频面试等多种面试方式，方便候选人随时随地参加面试，从而提高招聘效率。此外，网络招聘还可以通过社交媒体平台、人才市场网站等渠道发布招聘信息，扩大招聘范围，吸引更多潜在候选人来应聘，如图6-5所示。

图 6-5 网络招聘

5. 猎头公司招聘

猎头公司招聘是一种专业的招聘方式，由猎头公司负责寻找和推荐合适的候选人，并协助社群运营者进行面试和录用，这种方式适用于高级人才或专业人才的岗位。通过猎头公司进行招聘的优势在于猎头公司具有专业的人才搜寻能力和行业知识，能够快速找到符合职位要求的候选人，提高招聘效率和质量。同时，猎头公司能够提供候选人的背景和经历，帮助社群运营者更好地了解候选人的能力和适应性，如图 6-6 所示。

图 6-6 猎头公司招聘

在选择猎头公司时，需要了解猎头公司的专业水平、成功案例和口碑等，并与其进行沟通和协商，确定招聘流程和费用等细节。同时，社群运营者需要与猎头公司保持密切联系，及时反馈招聘进展和结果，确保招聘工作的顺利进行。需要注意的是，虽然猎头公司招聘是一种专业的方式，但也需要社群运营者对候选人的背景和经历进行充分的调查和评估，以确保候选人的能力和适应性符合职位要求。

6. 校园招聘

校园招聘是针对在校大学生的招聘活动，应聘者普遍是年轻人，他们学历高、工作经验少、可塑性强。社群运营者通常会在校园内举办招聘会或宣讲会，吸引在校大学生前来参加面试和应聘。校园招聘具有针对性强、人才储备丰富、招聘效率高等优点。通过校园招聘，社群运营者可以直接与在校大学生接触，了解他们的学习、实践和创新能力，发掘潜在的人才，如图 6-7 所示。

图 6-7 校园招聘

任务 2　完善社群运营团队的沟通机制

对社群来说，完善社群运营团队的沟通机制不仅可以提高团队协作和工作效率，还有助于减少冲突和不确定性，提高团队的工作效率、凝聚力和影响力，进而推动社群的发展和成长。完善的沟通机制对于社群的稳定发展和优质运营至关重要。

素养园地

蚂蚁如何把巨蟒扛回家？

一、制定社群介绍手册

建立标准化沟通程序的第一步，是让所有参与社群运营的成员都了解社群及社群的运营工作。这就需要制定一份完整的社群介绍手册。社群介绍手册可以向社群的新成员提供详细的信息和指导，帮助他们了解社群的背景、目标和运作方式。社群介绍手册的内容通常包括社群概述、社群背景、社群定位、社群规则、社群成员、社群活动、资源分享、沟通与参与、联系方式与常见问题解答等，其内容可以根据具体社群

的特点和需求进行调整和补充,如图 6-8 所示。

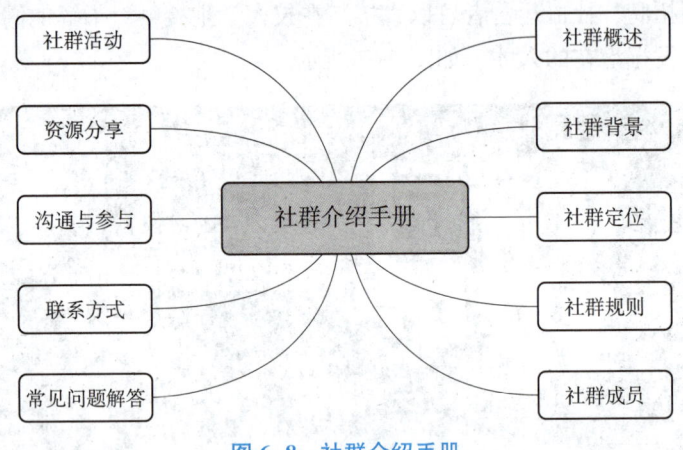

图 6-8 社群介绍手册

1. 社群概述

该部分简要介绍社群的名称、定位和核心价值,包括社群的使命和目标。

2. 社群背景

该部分介绍社群的发展历程、创立背景和重要里程碑,让新成员了解社群的发展过程和影响力。

3. 社群定位

该部分明确社群的核心主题和目标受众,描述社群所关注的领域和内容范围。

4. 社群规则

该部分列出社群的行为准则、规范和管理政策,包括言论自由、尊重他人、不传播错误信息等。

5. 社群成员

该部分介绍社群的成员结构和参与方式,包括普通成员、管理员、版主等角色的职责和权限。

6. 社群活动

该部分列举社群经常举办的活动、讨论话题和分享内容,让新成员了解社群的活动形式和内容。

7. 资源分享

该部分提供社群的知识库、工具资源、学习材料等的获取方式,让新成员快速获取所需的信息和资源。

8. 沟通与参与

该部分说明社群的交流方式和沟通渠道,包括社交媒体平台、在线聊天工具、论坛等,同时鼓励新成员积极参与社群的讨论和互动。

9. 联系方式

该部分提供社群管理团队的联系方式,让新成员知道如何联系管理团队反馈问题或提供意见建议。

10. 常见问题解答

该部分整理社群常见的问题和解答，解答新成员可能遇到的疑问和困惑。

在制定社群介绍手册时，要确保内容翔实、结构清晰、易于理解。手册可以通过纸质文件、电子文档或网页的形式呈现，要方便成员随时查阅。同时，社群运营者需要定期更新社群介绍手册，以反映社群运营的变化和升级。

二、定期通过在线会议沟通

要想保持社群的运营效率，社群运营团队内部保持有规律的沟通是很有必要的。有规律的沟通可以让运营团队中的每一个人都能及时反馈工作中遇到的问题，并及时获得帮助。定期通过在线会议进行沟通是社群团队中的一种常见做法。在线会议可以减少传统面对面会议的时间和地点限制，避免长时间的等待，从而提高沟通的效率。此外，在线会议通常可以被录制和回放，从而方便团队成员在需要时回顾和复习会议内容。这对于错过会议的成员、需要重新理解或需要参考的成员都非常有帮助。相比于传统的面对面会议，使用在线会议工具还可以减少成本，更加经济实惠。

为了提高在线会议沟通的效率，在会议开始之前，社群运营者要确保所有与会人员都事先收到了会议议程和相关材料。这样，每个人就有足够的时间来准备和了解会议的内容，可以更有针对性地参与讨论，避免浪费时间。会议主持人要注意确保会议议程明确且重点突出，要列出需要讨论的主要议题和目标，避免会议偏离主题。此外，建议社群运营团队在沟通前使用"5W2H"沟通模型梳理出会议的沟通要素，帮助大家紧紧围绕沟通目的进行在线沟通。"5W2H"沟通模型如表6-1所示。

表6-1 "5W2H"沟通模型

WHAT	会议沟通的主题或内容，即会议要解决的问题是什么
WHO	确定问题的责任人和受影响的人群，即明确问题涉及的相关人员和相关方
WHY	原因分析，即找出产生问题的根本原因
WHEN	确定适当的时间来安排这个会议，要确保所有的相关人员都能参与
WHERE	确定使用哪个线上平台来安排这个会议，要确保所有的相关人员都能参与
HOW	如何安排这个会议，如会议的目标、计划和策略等
HOW MUCH	评估这个会议的成本和效益，包括时间、资源和其他相关因素

此外，在线会议的沟通过程中，要注意以下3点。

1. 清晰的语音和有效的沟通

在会议中，要尽量使用清晰、简洁的语言进行表达，要避免使用模糊或复杂的语句，以确保大家理解和沟通的准确性。

2. 组织和控制会议时间

确保会议有明确的议程和时间安排，并由主持人进行组织和控制。要尽量避免会议延长或偏离主题的情况，要节约时间并提高效率。

3. 适当的奖励

对高质量发言者进行奖励，能促使团队成员养成积极思考、积极参与讨论的习惯。例如，在橙为社群中，线上沟通由一个主持人控场，一个计分员来统计积分。每轮发言结束后主持人给出评分，有效的建议或意见会作为有效发言加分。全部发言结束后，分数最低的成员会受到惩罚，如编写会议纪要等。这样可以让所有参与讨论的人认真对待自己的每一次发言。

三、建立社群云共享日程表

社群云共享日程表是一种在线工具或平台，用于社群成员之间共享和协同管理日程安排。社群运营者可以允许所有团队成员访问和编辑社群云共享日程表中的日历，方便成员之间协调时间、安排会议和活动，如图6-9所示。建立社群云共享日程表可以提高团队协作效率，减少时间浪费和误解，增强团队成员之间的信任和合作。同时，实时更新和同步日程安排也可以确保所有团队成员都能及时了解和适应社群的发展和变化。

			第XX周 社群日程表			
周一	周二	周三	周四	周五	周六	周日
休息	20:00 每周文章分享 分享人：XXX	文章内容 总结提炼分享	20:00 一周案例分享 分享人：XXX	案例整理 文字版分享	休息	一周总结 本周最佳分享人 确定下周分享人

图6-9 社群云共享日程表

社群云共享日程表通常具有以下功能。

1. 创建和编辑日程事件

允许用户创建和编辑日程事件，包括活动、会议、截止日期等。用户可以为每个事件设置时间、地点和其他相关信息。

2. 共享和协同

社群成员可以共享日程表，以便其他成员查看和参与其中。多个成员可以在同一个日程表上协同编辑和更新事件。

3. 多平台访问

支持在不同设备和平台上访问日程表，如电脑、手机和平板电脑等。用户可以通过Web界面或移动应用程序访问和管理日程表。

4. 定时提醒和通知

允许设置和发送日程提醒和通知，以便在事件发生之前提醒参与者。这可以通过电子邮件、应用程序推送通知或短信等方式实现。

5. 搜索和筛选

支持根据关键字、日期、成员等条件搜索和筛选共享日程表中的日程事件。这有助于快速定位特定事件或特定时间段的日程安排。

6. 备注和附件

允许在日程事件中添加备注和附件，如会议议程、会议纪要、相关文件等。这有助于提供更多的细节和资料，以便参与者了解和准备。

社群云共享日程表能帮助社群成员更好地协调和管理日程安排，提高协作和组织效率。它提供了一个集中的平台，供社群成员共享信息、协同工作，并确保大家在同一频道上。

四、及时归档社群资料

每一次沟通结束后，都需要及时对各种资料进行分类和归档，特别是要把重要的沟通内容进行记录、总结、输出，这样一方面可以帮助大家回顾和总结沟通内容；另一方面能使沟通内容得到跟进和落实，能避免在繁忙的工作中，因为没有持续跟进而造成不必要的纰漏。

常用资料一般可以存放在社群文件夹里，需要分类整理的则可以存放在百度云盘、360云盘之类的线上工具。这样大家就可以根据自己的工作需要自行寻找和下载相关的数据、图片、视频等。

分类整理时，应注意要建立一个清晰的文件夹结构，比如按照主题、日期、项目或其他相关标准对资料进行分类，确保文件夹的命名和层次结构易于理解和浏览。在归档资料时，可以使用标签和关键词来快速标识和分类文件。这样可以提高搜索效率，并使文件更易于组织和检索。一个良好的分类和归档系统可以提高工作效率，并确保社群成员能够方便地访问和使用所需的资料。

任务3　留住社群运营人才

一、社群运营人才流失的原因

社群运营人才流失会直接影响社群的稳定发展和运营效果，是一个值得关注的问题。人才流失的原因多种多样，以下分析一些常见的因素。

1. 工作压力过大

社群运营涉及多个方面的工作，包括用户管理、内容创作、活动策划、数据分析等。随着社群的不断壮大，工作任务也越来越多，工作细分也更加详细，各方的合作

和事务的数量也会跟着增加。如果工作压力过大，可能会对员工的身心健康造成不良影响，进而导致人才流失。

2. 职业发展空间受限

社群运营人才需要不断地学习和提升自己的技能和知识，以应对不断变化的市场和客户需求。社群中有一部分运营人才在社群发展初期势头很足，但是在社群发展中后期失去了发展动力，没有跟上社群发展的脚步，无法在社群中找到自己的位置。当面对个人成长停滞、职业发展空间受限等问题时，部分人才可能会感到缺乏晋升机会和加薪空间，从而导致人才流失。

3. 薪酬福利不足

薪酬福利是吸引和留住人才的关键因素之一。如果社群核心成员的工作成果和能力得不到管理者的肯定，没有让人才在社群中得到应有的回报，那么离开也是迟早的事了。

4. 缺乏有效的激励机制

社群运营团队需要有一定的激励机制来激发员工的工作热情和积极性。如果缺乏有效的激励机制，员工可能会感到工作缺乏动力和成就感，心生不满，最终造成人员流失。

5. 团队内部沟通不畅

社群运营团队需要有良好的内部沟通机制，以确保团队成员之间的信息传递和协作。如果内部沟通不畅，很可能会导致工作效率下降。在这样的团队里，大家会觉得工作氛围差，得不到理解，没有成就感，从而会产生离开团队的念头。

总之，社群运营人才流失的原因可能涉及工作压力、职业发展空间、薪酬福利、激励机制和内部沟通等多个方面。社群运营人才看不到社群的未来，觉得继续留在社群是浪费时间，会考虑另寻出路；或者觉得社群过于弱小，当有其他实力强大的社群来"挖人"的时候，会选择加入更强大的社群。

二、留住社群运营人才的方法

一个社群如果能够做好运营流程建设、内部沟通机制、团队组织分工、运营绩效评定、商业收益转化几个维度的工作，使社群运营人才有畅快的工作心情、积极的工作氛围、合理的工作回报、可控的工作时间，那么他们就会更愿意留在社群内。

因此，社群运营者在管理社群的过程中，需要做好以下几个方面的工作，这样才能更好地留住社群成员。

1. 给予适当的薪酬和福利

提供具有竞争力的薪酬和福利制度，根据社群运营人才的贡献和表现给予适当的回报，确保社群运营人才得到合理的报酬和福利待遇，使其感受到企业的重视和关心。

2. 提供良好的职业发展空间

为社群运营人才提供晋升和发展的机会，制定明确的晋升路径和培训计划，鼓励他们参与培训课程、行业研讨会等，通过不断提升其职业技能和能力，实现个人价值和职业发展。

3. 给予足够的自主权和决策权

社群运营工作需要一定的创造力和灵活性，给予社群运营人才足够的自主权和决策权，让他们有机会发挥自己的专业知识和创造力，参与决策，增强其工作的满意度和成就感。

4. 提供关怀和支持

社群运营人才由于经常在一起工作，彼此之间很容易建立情感连接。而一旦建立起情感连接，大家就更有可能团结一致。因此，管理者要关心社群运营人才的工作和生活需求，提供必要的支持和帮助。当一个人有好事发生时，鼓励大家给予祝福；当一个人遇到困难时，也要发动社群资源帮助他克服困难。

5. 肯定成就和给予认可

公开表彰和赞扬社群运营人才的成就和贡献，给予适当的认可和奖励，激励他们继续努力。留住社群运营人才主要靠社群运营人才从社群运营中获得的成就感、归属感。当社群获得盈利能力后，社群就需要建立一套清晰的奖惩制度和绩效考核制度，让付出有效劳动的社群运营人才获得相应的经济回报，让精神力量有经济回报的支撑。

6. 及时清理"不同频"的人

对加入社群后表现得很积极，但是并没有真正认同社群核心价值观的人，或者加入社群的目的是谋取个人名利的人，管理者也要及时清理。留下一个"不同频"的人就是伤害大部分志同道合的人。及时清理"不同频"的人，把内部矛盾从源头肃清，使成员的价值观保持一致，增强团队的凝聚力。

7. 建立良好的企业文化

要打造积极向上、开放包容、有活力的企业文化，为社群运营人才提供良好的工作氛围和成长空间，再通过企业文化的引导和影响，增强员工的认同感和归属感，提高留住社群运营人才的概率。

通过上述方法，可以增强社群运营人才的归属感、满意度和忠诚度，有效留住他们并持续发展社群。同时，社群运营者也需关注个体的工作需求和发展动向，以提供适合他们个人发展的机会和资源。

思考：面对学校某个社团人员的流失，你将如何解决这个问题呢？

任务 4　设置合理的社群运营 KPI

给社群运营人员设计相关的 KPI 是有必要的。首先，KPI 可以帮助社群运营者明

确社群的目标和方向，制定出有针对性的运营策略，从而更好地实现社群的价值和目标。其次，KPI 可以激励社群运营人员更加努力地工作，提高其工作积极性和效率，从而更好地完成社群运营任务。最后，KPI 可以作为社群评估和调整的依据，帮助社群不断优化运营策略和流程，提高社群运营的品质和效果。总之，合理的社群运营 KPI 可以促进社群运营的规范化、科学化和高效化，为社群的长期发展奠定坚实的基础。

一、KPI 的定义

20 世纪 70 年代后期，美国管理学家奥布里·丹尼尔斯提出了"绩效管理"概念，随后引出了 KPI。KPI，即关键绩效指标（Key Performance Index），通过对组织内部流程的输入和输出的关键参数进行设置、取样、计算、分析，建立衡量绩效的目标式量化管理指标。建立明确的、切实可行的 KPI 体系是做好绩效管理的关键。

KPI 符合一个重要的管理原理——"二八原理"，即在一个企业的价值创造过程中，20% 的骨干人员创造企业 80% 的价值；而且在每一位员工身上，"二八原理"同样适用，即 80% 的工作任务是由 20% 的关键行为完成的。因此，必须抓住 20% 的关键行为，对其进行分析和衡量，抓住业绩评价的重心。

知识窗

"二八原理"是由意大利经济学家帕累托提出的管理原理，也被称为帕累托法则或 80/20 法则。"二八原理"指出，对于很多现象或事物，80% 的效果通常来自 20% 的原因或因素。这意味着在资源分配和管理决策中，重点应该放在那些产生最大效果的关键因素上。

将"二八原理"与 KPI 联系起来，可以理解为在制定和使用 KPI 时，我们应该关注那些能够最大程度地影响组织绩效的关键指标，充分了解和关注这些关键指标，可以更加高效地管理和调整资源，从而产生更大的影响和效果。

通过运用"二八原理"，我们可以识别并集中精力在那些对业务或团队绩效最重要的关键指标上。这有助于优化资源分配，提高绩效管理效果，同时提升工作效率和成果。

二、制定合理的 KPI

合理的 KPI 可以帮助企业明确目标，量化绩效，从而提高管理效率和业务成果。KPI 应当符合 SMART 原则，即具体（Specific）、可衡量（Measurable）、可达成（Achievable）、相关（Relevant）和时限性（Time-bound）。

具体（Specific）：KPI 应该明确具体，避免模糊和笼统。这意味着 KPI 需要详细描述预期的目标和结果，以便员工清楚地了解他们需要做什么以及需要达到什么标准。例如，一个具体的 KPI 可以是"在一个月内完成 50 个新客户的签约"，而不能简单地设定为"提高客户满意度"。

可衡量（Measurable）：KPI 应该是可量化的，以便能够客观地评估绩效。这要求 KPI 有明确的衡量标准和数据来源，能够用数字或百分比等具体形式来表示。例如，可以使用销售额、客户满意度调查得分或转化率等具体指标来衡量绩效。

可达成（Achievable）：KPI 应该是实际可行的，即在员工的能力和资源范围内可实现的。设定过高的 KPI 可能导致员工失去动力，而设定过低的 KPI 则可能无法有效激励员工。因此，制定 KPI 时需要充分考虑员工的能力、资源和环境条件，确保目标是可实现的。

相关（Relevant）：KPI 应该与组织的目标和战略紧密相关，要能够反映员工对组织整体绩效的贡献。这意味着 KPI 需要围绕组织的核心业务、价值观和长期目标来设定，以确保员工的努力与组织的整体发展方向保持一致。

时限性（Time-bound）：KPI 应该具有明确的时间限制，以便员工能够在规定的时间内完成目标。这有助于员工合理安排工作进度，确保绩效管理的及时性和有效性。同时，时限性也有助于激发员工的紧迫感，促使他们更加努力地实现目标。

通过明确、具体、可衡量、可实现、相关和时限性的 KPI，团队能更好地引导成员实现组织目标，提高整体绩效水平。

制定合理的 KPI 需要考虑社群的运营阶段、相关产品的生命周期和 KPI 指标的基本标准，以确保 KPI 指标能够准确反映社群的运营状况，并为社群的运营决策提供有力支持，如图 6-10 所示。

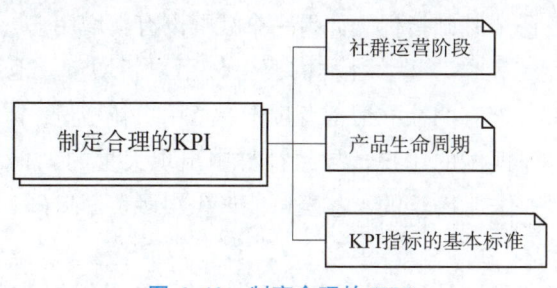

图 6-10　制定合理的 KPI

社群运营阶段：社群运营可以分为不同的阶段，如建设期、增长期、稳定期和衰退期等。在不同的阶段，社群的目标和策略不同，就需要制定相应的 KPI 指标。例如，在建设期，重点是社群的定位和基础建设，KPI 指标可以包括社群粉丝数、活跃度等；在增长期，重点则是扩大社群规模和影响力，KPI 指标可以包括新增粉丝数、社群互动率等。

产品生命周期：社群运营的产品可以是内容、活动、服务等，每个产品都有其生命周期，需要制定相应的 KPI 指标。例如，对于一个活动，可以从筹备期、推广期、活动期和总结期等不同阶段考虑 KPI 指标，如参与人数、活动满意度、活动传播度等。

KPI 指标的基本标准：KPI 指标需要具备明确性、可衡量性和可实现性，同时需

要考虑指标的标准。例如，如果一个 KPI 指标是"社群粉丝数"，那么就需要明确定义什么是"粉丝"，如何计算"粉丝数"，以及如何保证数据的准确性。此外，KPI 指标的标准也需要考虑实际情况，如不同社群的粉丝数标准可能不同，这就需要根据实际情况来制定。

三、社群运营 KPI 的设置

从社群运营本身角度来说，KPI 设置可从四个方面重点考虑，如图 6-11 所示。

```
                    ┌─── 用户新增量
                    │
                    ├─── 群活动频次
   社群运营KPI的设置 ──┤
                    ├─── 活动参与度
                    │
                    └─── 转化率和复购率
```

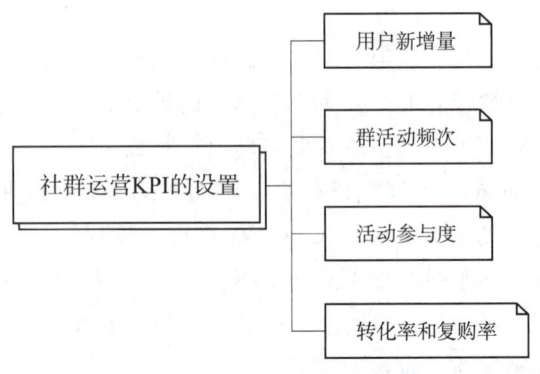

图 6-11 社群运营 KPI 的设置

1. 用户新增量

用户新增量是社群运营最基本的考核指标，它包括社群用户新增量和平台用户新增量，是社群运营的一个基础指标。如果一个社群没有新增用户，那么这个社群在某种程度上来说就已经"死亡"了。社群需要考核用户新增量，但过于在意这一指标也容易出现一个弊端，即有的社群运营者过于在意用户新增量，采取高额奖励手段引流，添加与目标群体不匹配的用户，导致社群中出现大量的"僵尸粉""无效粉"，想要让这些用户变现是非常困难的，甚至可能产生很多负面口碑。

2. 群活动频次

社群要维持社群成员对社群的认可度，常见的做法是组织一些社群活动。因此，有些社群将社群活动频次作为重要的考核标准之一，甚至占据了比较高的权重。是否按一定节奏安排社群活动，社群活动的安排是否保持适当的频次，是评估一个社群运营是否规范的标准。社群需要按节奏安排群活动，保持适当的频率，同时还需及时了解活动的效果，从而及时调整改进社群活动，提高社群成员对活动的满意度。但有些社群运营者为了不让社群死气沉沉，会策划一些没有营养的话题讨论，这样不但不能活跃气氛，还会让人觉得垃圾信息太多，屏蔽群消息甚至退群。因此，社群活动还需要根据社群成员的兴趣点、利益点来策划和组织。

3. 活动参与度

活动参与度可用来评估社群成员是否积极参与活动。社群的活动参与度是评估一个社群运营质量的指标，它反映了用户对社群活动的参与程度和积极性。为了提高社群活动参与度，社群运营者通常可以选择一些有趣、有价值、符合社群定位的活动主题和内容，提供奖励和优惠，从而激发用户的参与热情和积极性。另外，要尽量选择一些低参与门槛、有"竞争"感的活动，比如一些线上活动可以通过评论、点赞、分享等方式参与。如，某餐馆要求客户发布朋友圈并集齐 50 个赞即可免费获取一份价值 80 元的美食。

4. 转化率和复购率

转化率和复购率是社群常用的运营指标。转化率越高意味着回报率越高，复购率越高意味着回报率越稳定，转化率和复购率反映了社群活动和内容对用户的影响力，以及社群的整体质量。但在提高转化率和复购率之前，社群运营者需要先提高用户黏性。如果社群成员对社群还没有产生足够的信任和黏性，社群运营者就盲目推出产品，可能带来的结果是由于社群成员对社群产品缺乏信心，难以实现商业转化。

任务 5　建设社群运营人才储备机制

一、挖掘有运营潜力的社群成员

挖掘有运营潜力的社群成员有助于增强社群的活跃度和凝聚力，提高社群运营的效果。可通过下列方式挖掘有运营潜力的社群成员。

1. 观察互动

关注社群成员在群内的互动情况，如回复、点赞、分享等行为。活跃度高、回复速度快的成员通常具有较强的运营潜力。

2. 参与度分析

通过分析社群成员参与活动的积极性、参与度等指标，了解他们在社群中的活跃程度和贡献值。

3. 技能调查

可以进行问卷调查或访谈，了解社群成员的专业技能和兴趣爱好。在运营过程中，可以针对性地邀请具有相关技能的成员加入运营团队，共同推进社群发展。

4. 任务分配

可以在完成一些任务或项目时观察成员，了解他们在不同任务中的完成情况和能力优势。

5. 挖掘意见领袖

在社群中寻找有影响力的成员，他们可能是具有专业能力或丰富经验的行业专家，也可能是拥有众多粉丝的意见领袖。

6. 建立激励机制

通过设置奖励和激励措施，鼓励社群成员积极参与运营活动，挖掘并培养有潜力

的运营人才。

7. 加强互动

主动与社群成员互动，了解他们的需求和期望，倾听他们的意见和建议，从而更好地挖掘有运营潜力的成员。

通过以上方法，社群运营者可以有效地挖掘有运营潜力的社群成员，为社群运营提供有力支持。同时，社群运营者需要关注成员的成长和变化，及时调整挖掘策略，确保社群人才储备充足且充满活力。

二、培养社群运营新人

有一定规模的社群需要定期引入新人。由于新人对社群活动的参与积极性高、投入的时间较多，社群运营团队需要积极主动地挖掘新人、培养新人、给新人机会，让他们尽快融入团队。培养新人且持续不断地引入新人，能形成一个健康的社群运营团队。培养社群运营新人时，社群运营者需要提供适当的指导和培训，帮助他们快速适应工作，并逐步提高他们的能力。

1. 识别值得培养的新人

要培养新人，首先要识别值得培养的新人。根据经验，值得花时间和精力去培养的新人往往具备以下特点。

（1）团队至上。

社群是基于网络的，人才的流动性也较大。如果一个人愿意跟着社群一起成长、共担责任，愿意帮助其他成员解决问题和提供帮助，增强社群的凝聚力和互动性，哪怕他的能力并不突出，他也是值得培养的。这样的人往往愿意为社群服务，愿意在运营团队内部分享经验，愿意跟社群一起实现更为长远的目标。由于他们喜欢在社群内分享，通常会受到社群运营团队的喜爱，得到更多的鼓励，因而会做出更多的分享，对社群和社群运营团队的黏性会更强。这类人才可以使社群的凝聚力更强。

（2）积极主动。

积极主动的人有较强的上进心和学习能力，能主动通过各种方式学习知识和提升自我。他们对社群有热情，愿意投入时间和精力参与社群活动，会积极响应群内话题，乐于分享自己的观点和经验。在工作中，他们会主动给自己安排任务，甚至在还没有收到下一步任务的指令时，就已经把下一步该做的提前做完了。这样的社群新人能够承担起自己的责任，遵守社群规则和规定，积极参与社群活动，为社群的发展做出贡献。培养这样的新人，社群运营团队会付出较少的培养时间和培养成本。因此，这类人才是应该重点培养的人才。

（3）善于学习。

社群是一个多元化的环境，涉及各种不同的领域和话题，新人需要不断学习和接受新事物，才能更好地适应社群的环境和氛围，并为社群的发展和进步做出自己的贡献。此外，社群新人善于学习、愿意学习也可以提高自己的能力和素质，拓展自己的视野和思维，从而更好地参与到社群活动中，为社群的发展和进步做出更多的贡献。因此，社群新人需要善于学习、愿意学习和接受新事物，要能够快速掌握社群规则和活动流程，积极参与讨论和互动，提出建设性的意见和建议。

2. 如何培养新人

培养社群新人需要提供指导和资源、组织培训和工作坊、提供导师、鼓励参与和交流，并给予反馈和评估，同时创造积极的社群氛围。这样可以帮助新人更好地适应社群环境，发展自己的能力，并为社群的发展做出贡献。具体可采用以下方法。

（1）明确新人定位，因人而异制定培养方案。

社群的发展需要多元化的成员参与，不同类型的人才能够为社群提供不同的视角和思维方式，促进社群的多样性和创新性。因此，根据新人的特点和优势制定培养方案，可以更好地发掘和发挥他们的潜力，为社群的发展和进步做出更多的贡献。

因人而异的培养方案也能够增强社群的凝聚力和稳定性。通过关注新人的需求和发展，为他们提供个性化的支持和指导，能够增加他们对社群的认同感和归属感，从而更加积极地参与到社群活动中，为社群的发展做出更多的贡献。

新人个体的背景、兴趣、技能和经验等都有所不同，针对每个人的特点制定个性化的培养方案，才能更好地发挥他们的优势，弥补他们的不足，帮助他们更好地适应社群环境。要了解新人的学习风格和偏好，提供个性化的培训资源和指导，制定清晰的职业发展路径，让他们了解在社群运营中的成长机会。例如这个人才是作为社群的内容输出，就可以为他规划选题方向，再慢慢培养他独立的选题和内容策划能力。如果是作为社群的开心果，则只需要让他自由发挥就好，但也需要为他提供一些正能量，让他保持积极乐观的心态。

（2）敢于放权，让新人大胆实践。

新人对工作从陌生到熟悉，一定是需要不断实践的，要鼓励新人尝试新的想法和策略，即使失败也能从中学习和成长。新人难免会犯错，但这也是成熟的必经之路。不能因为害怕新人犯错就不让他们去尝试。培养新人一定要懂得放权，要大胆试错，给新人更多的实操机会。要想发现新人的各种才能，就要让他们去尝试各种可能性。通过放权给予新人更多的自主权和责任，可以激发他们的积极性和主动性，提高他们的学习和成长速度。当新人有机会去尝试和实践时，他们就能够从实践中学习，积累经验，发现和解决问题，进而不断成长和提高。

此外，新人通常拥有新鲜的视角和思维方式，他们对问题的看法可能与老成员不同，因此给予他们实践的机会可以带来新的想法和创意。当新人被赋予重要的任务和决策权时，他们会感到被认可和重视，这能够激发他们的积极性和热情，能够更加投入到社群的事务中。新人的大胆实践能够推动社群的创新和创造力发展，激发社群的活力和竞争力。

通过放权给予新人实践的机会，可以培养更多的领导者和核心成员。当新人接受并完成重要任务时，他们的领导能力和才干会得到锻炼和提升，因此，让新人不断尝

试新的可能性有助于培养出更多有活力和能力的社群成员，为社群的发展提供持续的动力。当新人有机会参与到实践中，并得到支持和指导时，他们能够发挥出更大的潜力，为社群的繁荣贡献力量。

（3）关键时刻提供指导，设置考核制度。

新人在面对挑战或困惑时，提供指导和支持是非常必要的。有经验的社群成员可以担任导师的角色，指导新人解决问题、提供建议并分享经验。在关键节点和困难时刻，导师要为新人提供指导和帮助，帮助他们克服挑战。新人在参与运营活动的初期都会有一段茫然的时间，不知道应该做什么，怎么做，这时就很需要一个有经验的老手来指导。社群运营者可以为社群运营新人分配有经验的导师，帮助他们熟悉工作流程、了解社群规则和任务要求，并提供必要的指导和支持。但这名导师不能什么事都参与，他只负责在一些重大决策和一些容易被新人忽略的细节方面做适当的把关和提醒。

设定合理的考核标准和指标，评估新人的表现和进步也是十分必要的。新人的成长也需要激励，对于一些不积极的新人，该淘汰就要淘汰。设立适当的考核制度有助于新人更好地适应社群环境和提升能力。通过对新人的工作表现和成果进行评估，可以帮助他们了解自己的进步和不足之处，并激发他们更进一步提升自己的动力。考核制度在保持对新人的正向激励的同时，也能为社群评估新人的发展情况提供参考。因此需要一套量化的考核制度，例如制定一套打分体系，根据得分来淘汰一些不合格的新人，同时激励新人上进。

通过社群运营团队的培养，新人可以尽快适应社群运营工作，提升自身的能力，并为社群的健康发展做出贡献。同时，社群运营者也需要关注每个新人的个体特点和发展需求，量身定制培养计划，促进他们在社群运营领域的长期发展。

思考：大学中的学生社团应如何培养新人？培养方法有哪些？

能力训练

训练任务：搭建社群运营框架，制定人才选拔标准

1. 学生以小组为单位，构建自己社群的运营团队框架，并填在表 6-2 中。

表 6-2　运营团队框架

框架名称	框架说明（人员构成、担任职责等）
管理层	
运营层	
执行层	

2. 根据自己社群的特点，为团队制定人才选拔标准，并对人才选拔标准进行说明，填写在表 6-3 中。

项目六 组建优质运营团队

表6-3 人才选拔标准

选拔标准	标准说明

任务评价

序号	评分内容	总分	教师打分	教师点评
1	运营团队框架设置是否准确	30		
2	选拔标准是否完善	30		
3	选拔标准说明是否准确	40		
	总成绩	100		

项目七 扩大社群规模

学习目标

知识目标
1. 了解社群扩张的评估条件；
2. 熟悉社群扩张的策略；
3. 了解品牌社群的价值。

技能目标
1. 能够确定社群扩张的时机；
2. 能够搭建基于时间的多期社群链；
3. 能够搭建基于人群的主题社群链；
4. 能够打造品牌社群。

素养目标
1. 具备分析与判断能力，能够全面分析社群扩张的潜在机会与挑战，具备科学的判断能力；
2. 具备策略规划能力，能够制订合适的社群扩张计划，具备良好的规划素养；
3. 具备持续学习与自我提升的意识，保持对社群运营领域持续学习的态度，不断跟踪行业动态和最新技术，实现自我提升和持续发展。

当社群如同小树苗终于破土而出，社群运营团队便开始琢磨着如何让这棵"社群之树"枝繁叶茂，茁壮成长。毕竟，在大多数运营者的眼中，社群的规模越大，其蕴含的商业价值也就越加丰硕。然而，在追求社群规模扩大的过程中，如何有效地扩大社群规模，并且确保社群的质量和活跃度不受到影响，这无疑是社群运营者需要深思的问题。

任务1 评估社群扩张的时机

当一个社群取得一定"成就"之后，就需要考虑扩大社群规模。然而社群的发展是一个渐进的且需要细致管理的过程，在做出决策之前，我们需要全面评估当前的时机、资源和市场环境等因素。

一、审慎推进，时机至上

为什么我们要扩大社群？在决定扩大社群规模之前，我们必须深思熟虑，否则盲目的行动可能会适得其反。有些人可能简单地认为，社群成员越多越好，他们认为只有拥有数万成员的群体才称得上是社群，而成员较少的群体则不足以被称为社群。然而，实际上，小而精良的社群往往更加持久。这是因为社群的核心在于情感依托和价值认同，而社群规模越大，成员间的分歧可能也就越大。

社群运营者可以尝试从另一个角度思考：设想你加入了一个庞大的社群，你首先会做什么？很可能的是，你会立即关闭群消息提醒，等到有空时再逐一查看群消息。在大型社群中，成员间的互动连接相对较弱，了解每个成员的成本也更高；且激发广泛讨论的话题稀缺，冗余信息充斥其中，获取和筛选有用信息的代价也相应增高。

反观小型社群，讨论的话题通常更加集中，参与度也更高。在小型社群中，那些不常发言的成员更容易被注意到，社群运营者可以借此机会进行一对一沟通，并通过策略性的引导使他们积极参与社群活动，或采用其他方法提升他们在社群中的活跃度。显然，尽管每个人都梦想着建立一个庞大的社群，但人们实际上更倾向于喜欢待在小型社群中。

在社群发展的道路上，规模的扩张似乎是一个诱人的目标。但在追求这一目标之前，我们必须停下脚步，深入思考：扩大社群规模的目的何在？它是否有助于我们实现真正的社群目标？

首先，要清晰地确定我们的目标。我们希望通过扩大社群规模来解决哪些问题？是为了增加更多的用户互动，提高社群的活跃度？还是为了吸引更多的潜在用户，进一步推广社群的价值？明确目标有助于为后续的决策提供一个明确的方向。

其次，我们需要深入分析扩大社群规模是否真的能够有效解决这些问题。有时候，社群规模的扩大并不一定意味着质量的提升。如果只是一味地追求数量而忽视了社群的质量和用户的真实需求，那么这种扩张可能只会带来短期的效应，而难以持续。如果扩大社群规模并非解决所面临问题的有效手段，那么或许当前并不是推进社群规模扩张的适宜时机。

💡 想一想

> 如果一味地追求社群的数量，会出现什么问题呢？

二、资源准备，人才为本

在考虑扩张社群规模时，首要之务是审视我们是否具备驾驭庞大社群的实际资源

和能力。社群规模的扩大不仅仅意味着成员数量的激增，更涉及对人力、财力、物力和精力的全方位投入。因此，我们必须精心权衡投入与产出之间的比例，确保新规模的社群能够得到持续而有效的支持。

社群在追求规模扩张的过程中，常常会遇到运营人才短缺的问题。随着社群规模的扩大，社群对专业运营人才的需求也相应增加，而人才的匮乏可能导致社群运营失控，进而损害社群的声誉。社群快速扩张时，往往急需扩充运营团队，这也可能带来管理成本的上升和团队内部矛盾的增多。

为了应对社群规模扩张的挑战，实施"先慢后快"的策略显得至关重要。这意味着，在社群发展初期，社群运营者就应有意识地培养和储备各类运营人才。当社群发展到需要扩大规模时，这些已经成熟的人才便能够迅速适应新环境，确保社群运营的有序进行。

在扩大社群规模时，我们还应注重在社群内部和外部发掘并培养运营人才。这些人才将成为社群运营的核心力量，推动社群向更高层次发展。通过将这些核心成员作为种子用户，逐步引导他们加入新社群，并在此基础上复制成功的运营模式，我们可以确保新社群能在健康、有序的环境中茁壮成长。

社群规模的扩张必须以实际能力和人才储备为基础。只有在确保有足够的能力和资源支持新规模社群的发展时，我们才能迈出稳健的步伐，实现社群的可持续发展。

三、传承创新，扩张之基

组织的生命力，往往源于其独特的文化体系。社群作为特殊的组织形态，同样需要构建并维护一套鲜明、有辨识度的文化，作为其持续扩张与复制的基石。资源或许有枯竭之时，但文化的力量却能历久弥新，为社群提供源源不断的生命力。

随着社群规模的有序增长，成员结构的多样化、规范化的运营手段确保了社群文化的有效传承。无论是新加入的成员，还是陪伴社群已久的老成员，都能在社群文化的熏陶下迅速找到归属感，遵循共同的规则与价值观。

这种文化的复制与传承，已被多个成功的社群运营案例所证实。例如，在"个人品牌IP营"这一高端社群中，运营团队巧妙运用了文化复制的策略。每当新一期启动时，他们总会邀请上一期的核心成员参与，确保每期社群中至少有半数的"老面孔"。这些老成员不仅为新成员树立了良好的榜样，还用自己的行动和态度，为新的社群注入了活力。新成员在这样的环境下，会自然而然地融入社群，学习并传承社群内部的交流风格和价值观。

文化的有效复制，为社群的扩张提供了坚实的基础。只有当社群的文化基因得到深入的传承与发展，社群的影响力和凝聚力才能随着其规模的扩大而不断增强。因此，在社群扩张的道路上，我们必须始终关注文化的传承与创新，确保社群在扩张的同时，不失其本色与初心。

任务 2　了解社群扩张策略

一、基于时间的多期社群链

在社群运营的世界里，基于时间的多期社群链模型是一种非常有效的扩张策略。这种模型以"××群1期""××群2期"等序列化形式展现，每个子社群都有其独特的成立时间和活跃周期。当新的社群启动并焕发活力时，旧的社群可能逐渐进入沉稳期，但其价值和影响力依然持续。

在多期社群链中，每个子社群都围绕一个核心主题或定位进行构建，但它们共享相似的社群文化和价值观，确保了社群的连贯性和一致性。同时，每个社群都有一个稳定的运营团队，为社群的长远发展提供坚实的支持。

首期社群的运营效果是整个社群链成功的关键。如果首期社群能够取得良好的运营效果，形成有效的盈利模式，并积累积极的社群口碑，那么后续的子社群就更有可能成功。因此，运营者通常会在首期社群运营的中后期就开始规划下一期的社群，以确保社群的持续扩张。

随着时间的推移，这样的社群链会逐渐增长，形成一个庞大的社群网络。每个子社群都在其主题领域内产生一定的影响，共同构成了整个社群链的影响力。特别是在在线课程领域，多期社群链的扩张模式已经被证明是一种非常有效的战略。

在打造基于时间的多期社群链时，要"以老带新，滚动发展"，即通过老成员的影响力和参与度，吸引新成员加入，形成一个逐渐扩大的、有凝聚力的社群。这种策略注重社群的质量和稳定性，通过老成员的示范效应，新成员可以更快地融入社群，降低社群的运营风险。通过"以老带新，滚动发展"的策略，可以逐步构建一个充满凝聚力、活力和影响力的社群矩阵。

在首期社群中打造社群的口碑是至关重要的，因为它将决定社群未来的发展和吸引力。针对这一目标，社群运营者可以采取以下三种方法来提升社群的口碑。

首先，引导社群成员关注价值。在社群建立之初，运营团队应该积极介入，引导成员关注社群中有价值的信息，如技能提升、自我成长等方面的信息。通过强调价值，可以让成员感受到社群带来的实际好处，从而增强对社群的认同感和归属感。同时，鼓励成员分享自己的收获和成长，进一步增加社群的活跃度和互动性。

其次，准确描述并有所保留地宣传社群价值。在首期社群以及前几期社群的宣传中，文案应该准确、客观地描述社群的价值，避免夸大其词或过度承诺。此外，可以有所保留地宣传社群的一些独特资源或优势，让成员在加入后能够发现更多"惊喜"。这种策略可以激发成员的好奇心和探索欲，使其更加珍惜并愿意主动宣传社群。

最后，利用新媒体平台提高社群曝光度。社群运营者可以引导社群成员在新媒体平台上分享他们的学习成果、读书笔记等内容，这样不仅可以增加成员的成就感和被关注度，还能有效提高社群的曝光度。同时，这也是一种有效的口碑传播方式，可以吸引更多志同道合的人加入社群。

很少有社群从一开始就能做得完美，很多社群都在实践中走过弯路，改进后才找到适合自己的发展路径。因此，在首期社群运营时，社群运营者需要定期或不定期地收集社群成员的反馈，根据反馈快速调整迭代，逐渐完善价值体系，从而获得真正独特的竞争力。

在条件允许的情况下，可以模仿小米建立小米社区的模式，建立一个社群成员可以自由交流、自由点评社群价值的意见小社群。在这样的小社群内，社群成员可以畅所欲言，谈论社群的价值、社群的产品或服务、社群的品牌，社群运营者可以从中收集到社群成员对社群真正的反馈，并根据反馈进行迭代优化。当社群成员看到自己的反馈被采纳时，他就会受到激励，更愿意跟社群站在一起，为社群的发展出谋划策，从而使社群拥有更强的凝聚力。这样的凝聚力也是社群持续成长壮大的助力。

B站也是一个值得借鉴的案例。作为一个以 ACG（动画、漫画、游戏）为主的视频分享平台，B站通过收集用户的弹幕、评论和反馈，不断优化其内容生态和社区氛围，如图7-1所示。例如，B站根据用户的反馈和弹幕互动，不断调整其推荐算法和内容策略，为用户提供更加精准和有趣的内容推荐。这种以用户为中心的策略使得B站在年轻用户中拥有极高的黏性和活跃度。

图7-1　B站优化社区氛围

社群运营者要定期或不定期地收集社群成员的反馈，快速响应并调整策略。只有这样，社群才能够持续成长，不断扩大规模。

二、基于人群的主题社群链

基于人群的主题社群链，是指基于社群成员的共同特点或兴趣，衍生出一系列具有鲜明主题的新社群。这些新社群与原社群紧密相连，形成一个庞大的社群网络。例如，从一个以水果为主题的社群中，可以分化出水果种植、水果品鉴、水果相关书籍阅读，甚至是围绕水果展开的旅拍主题活动社群等。

随着社群规模的不断扩大，社群内部会逐渐形成多个小圈子。这些小圈子的成员通常具有更为一致的兴趣和爱好，他们的需求更加垂直和具体。这些小圈子的形成，为社群注入了新的活力和生命力。

一旦社群内形成了多层次、多角度的小圈子，社群运营者就可以在原有的基础上，进一步细分社群，引导成员加入更为精准的兴趣小组。这样，从原社群中衍生出来的新社群不仅继承了原社群的文化基因，还形成了自己独特的小群文化。这种文化既保留了原社群的精髓，又注入了新的活力和创意，使新社群更具潜力和生命力。

从更深层次来看，基于人群的主题社群链的构建，实际上是由社群成员共同决定的。当原社群达到一定的规模后，社群运营者需要紧密围绕社群用户的需求，开发出具有多元文化的多主题子社群。这不仅能够丰富社群的内容，还能够满足不同成员的需求，进一步增强社群的凝聚力和吸引力。

素养园地

"物以类聚，人以群分"，即因共同的兴趣、价值观等而形成不同的群体。这一观点提醒我们要理解和尊重不同群体的需求和诉求。在现实生活中，不同群体之间的差异和多样性是普遍存在的。这些差异可能源于年龄、性别、职业、文化背景等多种因素。因此，我们需要更加关注社会多元化的现实，对不同群体进行有针对性的关注和服务。同时，"物以类聚，人以群分"也提醒我们，虽然群体间存在差异，但交流与合作同样重要。在尊重差异的基础上，促进不同群体间的对话与融合，有助于拓宽视野、增进理解，进而推动社会的和谐与进步。因此，我们应该强化群体意识，培养人们对所属群体的认同感和归属感，同时鼓励跨群体的交流与合作。这种综合性的策略不仅有助于个体的全面发展，也有助于社会的和谐稳定。

任务3　了解品牌社群价值

打造品牌社群对于社群扩张至关重要，这不仅能够强化用户的品牌认同感，提升品牌影响力，还能够创造品牌附加值，增强用户黏性，并为社群的扩张提供有力支持。

一、品牌社群的定义

通过之前的学习，我们了解到社群是在一定社会关系的基础上发展起来的，用户基于某种共同点聚集起来，这个共同点构成了连接社群用户的基础，并用来区分社群的归属。随着经济发展，在社群的基础上进一步产生了品牌社群的概念。目前，对品牌社群的定义分为狭义和广义两种。

狭义的品牌社群可以理解为，使用相同品牌或者产品的用户之间的一种关系，这种关系与血缘、地域无关。同一品牌社群成员之间的纽带是品牌，成员是基于对共同的品牌爱好聚集在一起的，品牌社群的构建基础是成员对品牌的认可。

广义的品牌社群认为，品牌社群的关系不仅仅是品牌与用户、用户与用户之间的关系，还应该包括用户与产品、用户与营销者之间构成的关系网络。在这个关系网络中，品牌社群是由雇员、消费者、股东、合作伙伴等利益共同体组成的，更强调利益相关者对建立品牌社群的意义。品牌社群在狭义和广义上的差别，有助于我们对品牌社群更好地理解。随着互联网行业的兴起，品牌社群成为各企业的重点关注对象。

扫一扫

数字健身品牌崛起

二、品牌社群的特征

正因为品牌社群是由传统社群演变而来的，因此品牌社群的特征与传统社群特征有相似之处，如共同意识、共同的仪式和传统以及责任感。共同意识是社群成员集体拥有的一种意识，品牌社群中的集体意识一般是关于特定品牌文化、价值的认可，共同意识是社群成员进行沟通交流的基础，也是形成品牌社群的基础。企业和组织对社群成员施加品牌文化影响的过程实际上就是通过共同的仪式和传统来实现的。共同仪式和传统是传递社群价值和品牌价值的纽带，因此企业和组织应该重视共同仪式和传统的设计。责任感是衡量一个社群成员对品牌社群忠诚的重要指标，基于这种责任感，社群成员会主动维护和管理这个社群，这就是为什么达到一定高度的品牌社群可以自我运转的原因。

> **知识窗**
>
> 名人效应是什么？
>
> 名人是人们生活中接触比较多，比较熟悉的群体。名人效应是因为名人本身的影响力，而在其出现的时候达到事态扩大、影响加强的效果，这就是名人效应。当然，名人效应的应用是很普遍的。首先，在广告方面，几乎大部分的广告都在利用名人效应，因为受众会出于对名人的喜欢、信任甚至模仿，将喜欢、信任和模仿转嫁到产品，这是典型的利用名人效应的方法。
>
> 有个卖马的人，一连卖了三天都无人过问，他就去见相马专家伯乐，说："我要卖一匹马，可一连三天都无人过问。请您无论如何帮助我一下。您只要围着我的马看几圈，走开后回头再看一看，我奉送您一天的花费。"伯乐同意了，真的去市场上围着马看了几圈，临走时又回头看了看，伯乐刚一离开，马价立刻暴涨了十倍。
>
> "东施效颦"的典故，也由西施的名人效应引起的。人们对有名望的人一般都十分崇敬。在商品销售中，经营者可利用消费者敬慕名人的心理来销售商品。在品牌社群的运用中，也可以适当运用名人效应，靠名人的影响力助力自己建立的或所在的社群。

三、品牌社群提升忠诚度

提高品牌忠诚度是企业和组织一直追求的目标，随着品牌社群的迅速发展，企业和组织发现品牌社群在提高品牌忠诚度方面有重要作用，比起顾客满意度对提高品牌忠诚度的影响，品牌社群在提高品牌忠诚度方面的作用更为显著。

消费者对品牌社群的忠诚度越高，其主动参与品牌社群活动的意愿就更强。社群成员参与品牌社群活动后，会对品牌社群产生一种心理评价，而这种心理评价会影响消费者以后是否继续参加该品牌的社群活动，进而影响到社群成员对品牌社群的忠诚度。

总而言之，品牌社群在提高品牌忠诚度方面的作用显著。消费者对品牌社群的忠诚度越高，他们参与社群活动的意愿就越强烈。这种积极的参与不仅深化了他们对品牌的认知和喜爱，还能通过与其他社群成员的互动和交流，进一步增强他们对品牌社群的忠诚度。社群成员间的共同经历和分享强化了他们对品牌的认同感和归属感，从而形成了品牌与消费者之间更加紧密和持久的关系。这种基于社群的品牌忠诚度不仅提高了消费者对品牌的信任，还为品牌带来了稳定的市场份额和增长动力。

扫一扫

励志橙的社群力量

能力训练

训练任务：策划社群活动

营销需要借助流量，而名人效应能够积聚大量的粉丝，提升社群的人气，增强社群的影响力，从而达到营销的目的。请组建小组，并根据自己建立的社群或所在的社群，选择合适的借力名人，填写表7-1。

表7-1　借力名人打造品牌社群

＿＿＿＿＿＿社群	
名人姓名	（可以是校园名人、老师或学生等）
与社群的匹配点	
名人在社群中的作用	
实施计划	

任务评价

序号	评分内容	总分	教师打分	教师点评
1	对名人的认知是否准确	25		
2	品牌社群与名人的匹配是否准确	25		
3	名人在社群中的作用认知是否准确	20		
4	计划是否有可行性	30		
	总分	100		

项目八　社群的商业变现

学习目标

知识目标
1. 了解常见的社群变现方式；
2. 了解服务变现的策略和技巧；
3. 了解知识类产品社群的变现方式。

技能目标
1. 能够选择合适的变现方式并制定相应的变现策略；
2. 掌握将社群升级为付费社群的运营技巧；
3. 能够设计合理的付费社群的价格，具备提高用户满意度和盈利的能力；
4. 能够运用知识付费的相关知识实现知识变现。

素养目标
1. 培养良好的商业意识和市场敏感度，能够敏锐捕捉商业机会并灵活应对市场变化；
2. 提升团队协作能力，与团队成员共同推动社群的商业变现进程；
3. 培养创新思维和学习能力，不断探索新的变现方式和策略；
4. 培养诚信意识和职业道德，确保社群在变现过程中遵守商业伦理和法律法规。

社群经济已经引起了众多企业的关注，成为社会的热点话题。像吴晓波频道、罗辑思维等社群组织，以其独特的运作逻辑，为社群经济的价值提供了有力的证明。然而，值得深入探讨的是，社群应如何充分发挥其商业价值？除了吴晓波频道、罗辑思维等社群模式外，是否还存在其他能够体现社群经济价值的社群模式呢？这些问题都值得我们进一步研究和探讨。

任务1　了解常见的社群变现方式

商业模式如同产品本身一样独特，鲜有通用的模板可以应用于所有产品，社群亦

如此。因社群的类型多样，其商业模式亦千姿百态。每个社群都拥有其独特的属性，唯有根据自身实际情况进行深度运营，才有可能形成高效的商业变现模式。下面所列举的商业模式，是当今众多社群所青睐的选择。

一、会员费制度

这种制度以收取会员费作为变现方式，既简单又直接。会员费，即社群成员为加入社群而支付的费用，成为会员后方可参与社群活动、享受社群服务。当社群或群主对成员具有势能优势时，收取一定的"入场费"是合乎情理的，这便是我们常说的"付费型社群"。实际上，付费更应被视为筛选成员群体的门槛，而非社群变现的主要手段。社群不同于粉丝群，它汇聚了具有共同目标和价值观的人群，因此，成员筛选至关重要，而收费正是实现这一目标的有效手段。若成员愿意为社群付出金钱，基本上可认为他们对社群持有高度认同。

通过设置不同等级的会员费门槛，可以将社群中最活跃、最有归属感的粉丝紧密聚集，进一步增强专属圈子的凝聚力，并为他们提供独特的社群增值服务。同时，可以通过精心策划的运营活动，促进会员间的互动与合作。

采用不同等级的会员费门槛的社群如优酷，优酷系列会员包括优酷 VIP 会员和 SVIP 会员。优酷 VIP 会员可在手机端、电脑端、Pad 端使用，优酷 SVIP 会员可在手机端、电脑端、Pad 端、电视端（含 SVIP 合作的智能电视、盒子、投影仪）使用，如图 8-1 所示。

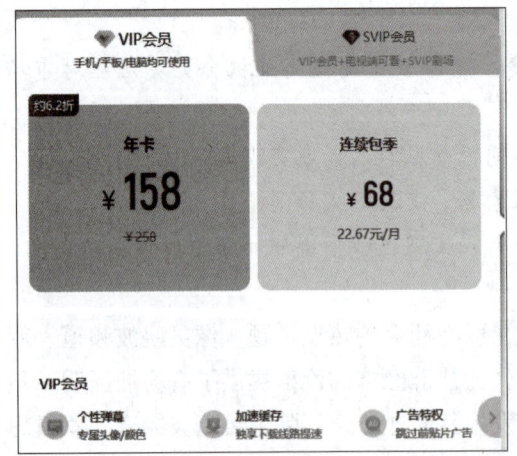

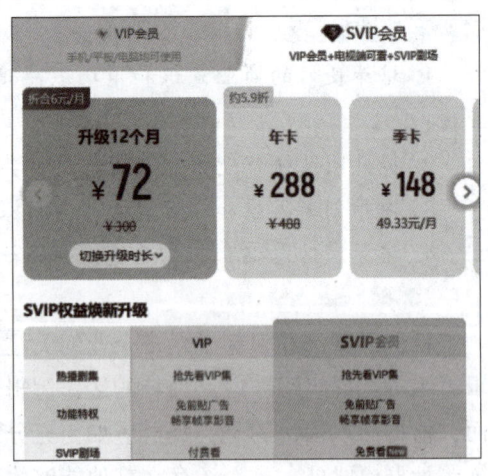

图 8-1 优酷视频的会员等级

又比如瑞幸咖啡会员计划设置了 7 个等级，每个等级享有不同的特权，等级越高特权越丰富，特权升级后可以获得相应的升级礼，如图 8-2 所示。

需要特别注意的是，单纯依赖会员收费并不足以支撑社群的商业变现，毕竟成员的数量是有限的，过高的会员费也可能导致成员流失。为了吸引更多成员，费用设定不宜过高。因此，通过会员费获得的收益规模相对有限。此外，一旦成员与社群建立

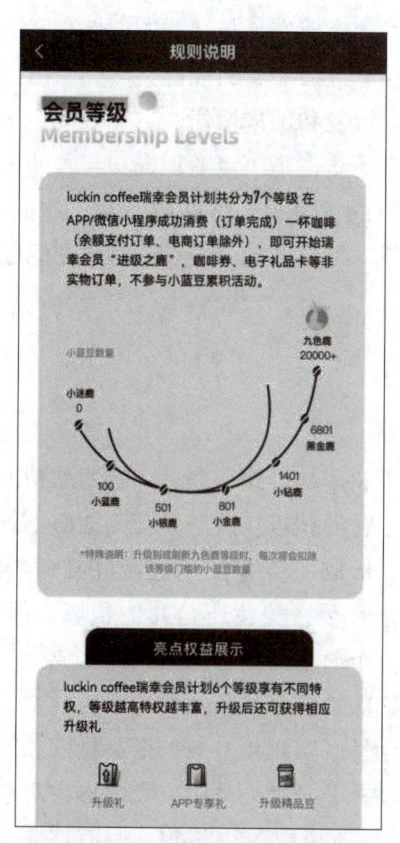

图 8-2 瑞幸会员等级

了收费关系,可能会破坏成员间的平等与互动。付费成员可能从原本的铁杆粉丝转变为服务购买者,反而可能导致其与社群的情感纽带减弱。为此,社群需要采取相应措施来增强付费成员对社群的黏性。

二、产品变现

产品变现是众多产品型社群的核心策略。它强调通过社群运营与用户建立深度联系,使用户参与到产品的设计、制作等各个环节,从而增强用户对社群的信任感和对产品的认同。当用户高度认可社群的价值时,他们自然也会倾向于购买社群品牌的自有产品。无论是实物产品,还是培训、咨询等服务,均可视为社群变现的载体。

具体来说,社群产品可大致分为实物类和内容类。对于实物类产品,社群在运营过程中应充分展示产品的特点、优势和使用体验,如通过用户评测、产品展示会、限时优惠等方式,增强用户对产品的了解和认同。以小米社区为例,其手机、充电宝和耳机等实物产品均得到了社群成员的广泛认可。

对于内容类产品,社群则需要通过打造知识 IP、塑造专业形象等方式,推出与社群定位相匹配的专属知识内容。这些内容不仅要具有专业性,还要符合社群成员的兴趣和需求,以有效吸引用户的购买。

在选择变现产品时，必须确保产品与社群的调性高度一致，且能够凸显社群的特点和优势。例如，一个专注于红酒品鉴的社群突然开始销售家具，不仅会显得格格不入，还可能破坏社群的专业形象和用户信任。

此外，产品的差异性和品质也是决定变现成功与否的关键因素。社群应确保所推出的产品在市场上具有独特的竞争力，且品质上乘，才能赢得用户的青睐和持续购买。否则，即便社群关系建立得再紧密，一旦产品出现问题，也会迅速导致社群信任的崩塌。

三、电商变现

社群电商，其本质在于利用社群这一渠道，将商品精准地销售给目标用户。这一点得到了罗辑思维等社群平台的积极实践与验证，他们不仅通过社群销售图书、年货等商品，还通过深度运营，形成了高精准、高互动的社群电商模式。

许多社群，无论其属于母婴、美妆还是其他领域，都将电商视为变现的重要途径。社群在这里不仅仅是一个简单的销售渠道，而是成为与用户建立深度联系、了解用户需求的平台。对于成熟的社群来说，社群电商与社群广告一样，都能够充分利用群成员的高精准度和高互动性，实现更有效的商品推广和销售。

然而，社群电商的成功并非一蹴而就，它需要群主对社群进行深度运营，与用户建立真正的信任关系，了解他们的需求和喜好。只有这样，才能在商品挑选和售卖时做到精准对接，吸引用户购买。纯粹将社群视为产品销售渠道而不进行深度运营的做法，往往难以取得好的效果。

此外，社群电商也受到社群成员人数有限的挑战。因此，拥有大量粉丝基础的"网红"模式在电商变现方面具有显著优势。这些自媒体"网红"通过将传统媒体的流量优势迁移到互联网上，实现了快速的变现。

由此可见，社群电商的成功关键在于深度运营、精准对接和大量的粉丝基础。只有做到这些，才能真正发挥社群电商的优势，实现商品的有效推广和销售。

四、广告变现

广告变现，即将社群视为广告投放渠道，利用社群的媒体属性实现其商业价值。社群作为一种新兴的媒体形式，其广告变现方式自然不能沿用传统的浅层触达方法。在社群中投放广告，不仅要求用户质量高，而且对合作伙伴也有严格的选择标准。

为了实现有效的广告变现，社群需要采取合作的方式，通过高性价比的活动进行潜移默化的宣传。单纯的"发完就走"模式在社群中行不通，因为这样的广告很容易被群成员视为垃圾信息而被忽略。社群注重运营和互动，群成员相对精准，因此广告必须与社群内容和活动紧密相连，甚至有时需要将广告融入社群内容本身，使用户难以区分广告与内容的界限。

需要注意的是，社群的人数相对有限，经过高精准化的成员筛选后，广告的覆盖率必然受到限制。因此，虽然广告变现可以为社群带来一定的收益，但它难以成为一种持续的大规模的变现方式。

五、合作变现

社群聚集了具有共同特质和差异性的成员，这为合作变现提供了巨大的潜力。社群成员之间的协作和互补资源能够产生巨大的价值，因此社群运营者需要格外关注与社群成员的合作机会。

合作变现的方式多种多样，其中常见的包括换"粉"互推、资源交换、合作产品等。例如，一个专注于职场类课程的社群可以与同样具备流量的职场导师合作，进行互推活动。通过联合推广，聚集更高的势能，可以增加双方的曝光度和影响力。

除了直接的产品或服务合作，社群成员之间还可以进行招聘求职、渠道合作、外包服务等需求的匹配。社群运营者需要深入了解成员能提供什么、需要什么，以便在资源匹配的过程中实现变现收益。

在进行合作变现时，社群运营者需要谨慎处理与合作社群之间的关系。首先，要尊重对方的合作原则，避免给对方社群带来负面影响。其次，合作前要明确推广和分成等事项，以免因合作细节不清而导致合作失败或双方声誉受损。

六、知识变现

知识变现是指将知识、技能和经验转化为经济收益的过程。随着网络技术和智能终端的普及，学习社群的规模迅速扩大，知识付费市场迎来了爆发性增长。知识变现不仅是知识生产者实现价值的重要方式，也是社群持续发展的重要动力。

在古代，知识的传授主要通过师傅带徒弟的方式进行。随着技术的进步，一个师傅所能教授的学员数量大幅提升，形成了知识社群。这些社群不仅是知识传播和知识共享的重要平台，还促进了知识生产者和社群成员之间的教学相长。

现代知识变现的策略主要依赖于在线平台和学习社群。在线平台提供了便捷的知识交易渠道，使知识生产者能够将其专业知识和经验转化为付费产品，如在线课程、电子书、专栏等。学习社群则通过聚集具有共同学习目标和兴趣的成员，形成了强大的学习共同体，为知识变现提供了广阔的市场。

随着网络技术及智能终端的普及，学习社群最大的变化就是学员规模的激增。2020年对知识付费行业而言是特别的一年，这一年，借助网络进行学习和工作的方式被迅速普及。从经营模式、技术变革等角度来看，围绕"流量变现"的探索变得更积极和多元，知识付费行业出现许多颠覆性变化，并迎来爆发性增长。2023年，艾媒咨询的《在线知识付费市场研究报告》显示，2022年中国知识付费市场规模达1 126.5亿元，较2015年增长约70倍，且预计市场规模还将逐年增长，如图8-3所示。

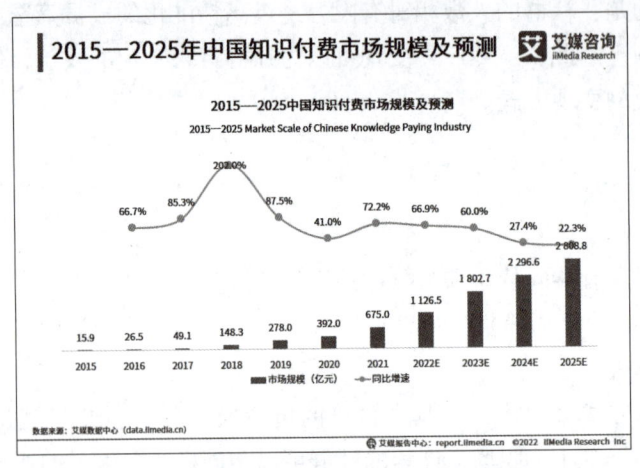

图 8-3　艾媒咨询预测中国知识付费市场

浪潮般的信息向人们涌来，人们逐渐难以在鱼龙混杂的信息中辨别有效信息，但人们的知识焦虑与学习需求却逐渐上涨，这种局面就造成人们需要利用碎片化的时间在线上学习各类知识，这就是知识付费社群发展的现实因素。在这样的市场环境下，知识付费产品要抓住市场需求，以便最大化地享受市场红利，扩增行业市场规模。

素养园地

在追逐商业利益的过程中，商业伦理扮演着至关重要的角色，是不可或缺的一部分。商业伦理不仅仅体现在诚信经营、公平竞争以及尊重法律法规等基本原则之上，更是贯穿于企业的每一个决策和行动之中。这些伦理原则不仅为企业树立了良好的形象和声誉，更为其可持续发展奠定了坚实基础。商业伦理不仅是企业商业行为的指南，更是企业文化和社会责任的重要体现，可以为企业赢得社会的信任和尊重，也能让企业基业长青。

任务 2　服务变现的策略和技巧

一、免费社群升级为付费社群的运营策略

许多社群运营者往往希望直接将免费社群转变为付费社群，然而这实际上是一项充满挑战的任务。构建一个免费的社群，虽然看似简单，却也需满足三大核心要素。

首先，社群运营者必须具备独特的魅力与"光环"，要乐于分享自己的知识与经验，从而吸引并维系社群成员的喜爱与关注。

其次，社群的加入门槛应保持在一个相对较低的水平。只要社群成员认同社群文化、恪守社群规则，并对社群的主题抱有浓厚的兴趣，他们便能够轻松地融入这个大家庭。

最后，社群必须确保每位成员都能在其中找到自己的位置，感受到自身的存在价值。只有当成员们首先获得了存在感，他们才会更加积极地参与社群的互动与交流，培养出强烈的归属感。

然而，这样的免费社群尽管能够迅速累积口碑与人气，但在尝试转型为付费社群时，却可能面临来自社群成员的抵触与不满。为了避免这种情况，运营者需要谨慎地制定策略，逐步引导社群成员接受付费模式，而不是简单地强行推行付费政策。

在实际着手升级付费社群之前，社群运营者必须全面评估其免费社群是否具备转型为付费社群的潜力。这一评估可从以下四个维度进行。

1. 社群活跃度

社群成员间的互动与交流是衡量社群活跃度的关键指标。一个成功的付费社群，其成员间应有良好的沟通与互助习惯，已经形成了一种充满亲密感和信任感的文化氛围。在这样的环境下，社群成员可能更愿意加入一个付费的小圈子，以追求更加私密和深入的交流体验。这种心理动机是成立付费社群的重要考量因素。

2. 社群运营人才储备

成功的社群运营离不开一支专业、高效的团队。社群运营者应从社群中的活跃分子中发掘和培养具备潜力的运营助理，以确保社群的日常事务能够得到妥善处理。这样的运营人才储备是付费社群持续发展的坚实基石。

3. 社群运营规模

在考虑将免费社群升级为付费社群时，运营者需评估目标用户群体的规模、付费意愿以及付费能力。同时，还需考虑社群收入能否覆盖运营成本，并维持一定周期的运营。若预估的付费用户数量较少，或需依赖外部渠道进行分销，则可能更适合维持一个小规模的免费社群，并致力于增强其凝聚力和影响力。

4. 社群服务策划

在规划付费社群时，社群运营者需深入思考其服务内容的独特性和创新性。单纯的"大咖"分享已不再具备足够的吸引力，社群服务应展现出与众不同的特色，并具备持续迭代和优化的能力。只有当付费社群的服务质量明显超越竞争对手时，才可能吸引成员为之付费。

从免费社群到付费社群的转变，是社群发展中的一个重要阶段。这一过程如同从"社交信任银行"中提取存款，需要社群运营者在前期通过精心运营累积足够的信任基础。只有当社群成员对社群产生深厚的信任和归属感时，付费社群的导入才能顺利进行。

扫一扫

阅读社群中的"等就免费模式"

二、设计付费社群的价格

在考虑设计付费社群的价格时，我们需要深入地反思付费社群的付费周期和招生规模。首先，关于付费周期，我们需要权衡长周期与短周期收费的优劣。多数社群不宜采取长周期收费，因为长周期的服务更适合标准化产品，如"每天听读一本书"或"樊登读书会"等。如果社群活动涉及的是非标准化事务，采用项目制模式，短周期收费可能更为适宜。

那么，短周期应该是多长时间呢？从学习的角度来看，21 到 28 天是一个相对合理的周期。过短的时间可能无法带来明显的学习效果，而过长的时间则可能导致参与者的兴趣减弱，甚至中途放弃。

接下来，评估招生规模并确定相应的服务成本至关重要。通过计算服务成本并用成本除以招生规模，可以得到成本底线，从而明确具有市场竞争力的价格范围。如果社群价格竞争力不足，就需要考虑优化成本结构，这包括节流和开源两个方面。节流意味着降低各个环节的成本预算，而开源则意味着寻找新的收入模式。例如，在社群内销售其他产品，将部分运营成本转移到这些产品的利润中，从而降低社群的入群费用，提高招募成员的可能性。

在确定了付费周期和招生规模后，可以参考以下标准来设定社群的收费模式。

如果社群运营者或社群本身具有较高的品牌势能，那么在势能范围内，收费越高可能越有利。这与线下高端俱乐部的收费模式相似，高势能能够吸引愿意支付更高费用的成员。

如果社群口碑良好，可以考虑采用成本收费，并在每一期逐渐提高价格。这与线下教育机构的收费模式类似，通过滚动涨价来反映社群价值的提升。

总之，设计付费社群的价格需要综合考虑多个因素，包括付费周期、招生规模、品牌势能以及市场竞争力等。合理的定价策略，可以确保社群的可持续发展，同时为用户提供有价值的服务体验。

三、了解付费社群的收费技巧

在社群运营实践中，比较常见的付费模式是周期付费制，即在一定周期内缴纳一定费用，就可以享受一定的权益。这是非常易于理解和操作的付费模式。这种模式的本质是服务标准化，即让服务成为标准化产品，然后做好服务，把产品持续推广出去。

在周期付费制的基础上使用一些收费技巧，可以激励更多人报名。但要注意，所有的收费技巧都会增加运营成本。

1. 押金返还型

押金返还型，即社群向社群成员收取的费用，会根据社群成员完成社群任务的情况进行全部返还或者部分返还。例如,"橙为社群"举办读书活动的时候,为了提高报名门槛,设置了押金返还机制。参与人员一旦完成任务,就可以全额返还押金。这样可以鞭策一些社群成员更积极地参与社群任务。

比如在一些跑步社团如"21 天运动训练营"中,社群成员要想加入社群,就需要交一笔入群押金。如果社群成员在某天没有坚持完成任务,其交纳的押金就会被扣除。因此,在押金的约束下,很多社群成员都能坚持完成任务。

2. 任务激励型

任务激励型,即完成任务就可以获得奖励。例如,"个人品牌 IP 营"开设的潜能孵化营规定,如果完成任务就有高额奖励。奖金额度越高,社群成员的参与热情越高;奖金额度小但中奖人数越多,参与的社群成员就会越多;奖励花样越多,社群成员参与的积极性会越高。

3. 递增递减型

采用递增递减型的收费模式允许社群根据成员的行为、参与程度或贡献度等因素来调整价格,以更好地激励社群成员参与和投入。

递增型收费模式适用于那些追求高质量成员和有限规模的社群。例如,一个高端摄影社群可以设定基础费用,但随着社群成员数量的增加,每个新成员需要支付的费用也会逐渐增加。这样,社群可以确保只吸引真正热爱摄影并愿意为高质量内容付费的成员。

递减型收费模式则适用于那些希望鼓励成员积极参与和贡献的社群。比如,一个编程学习社群可以为积极参与讨论、分享经验或贡献代码的成员提供费用的减免。这样,社群成员可以通过自己的努力获得更好的优惠条件,并激发更多的参与热情。

这种定价策略有助于社群运营者更好地管理社群规模,实现社群的可持续发展。

4. 身份分级型

在设计付费社群的价格时,身份分级型收费模式是一个值得考虑的策略。这意味着社群成员将根据其身份、经验、贡献或其他因素支付不同的社群费用。以在线教育社群为例,社群可以将成员分为学生、普通会员、高级会员和 VIP 会员,每个级别的会员享有不同的权益和服务。

对于学生,他们可能只需要支付较低的费用,获得基础的学习资源和参与社群讨论的机会。普通会员可能需要支付稍高的费用,以获得更多的学习资料和与导师交流的机会。高级会员则可能需要支付更高的费用,以享受优先参加线下活动、获得定制的学习计划和优先获得社群内推荐职位等特权。而 VIP 会员则可能是社群的核心成员,他们不仅享有所有高级会员的权益,还可能参与社群的决策、与其他 VIP 成员进行深度交流和合作等。

这种身份分级型收费模式的好处在于,它能够满足不同成员的需求和预算。对于那些只想获得基础资源的成员,他们可以选择较低的费用;而对于那些希望深入参与和获得更多特权的成员,他们可以选择支付更高的费用。这种灵活性使得社群能够吸引更多不同层次的成员,能提高社群的整体活跃度和质量。

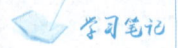

5. 团购优惠型

在设计付费社群的价格策略时，引入团购或拼团优惠也是一种常见的做法。这种模式能够鼓励成员邀请他们的朋友或同事一起加入，从而扩大社群规模并增加活跃度。

知识窗

当社群设置3人拼团优惠价时，这种策略尤其有效。选择3人作为拼团的基本规模是基于社交心理学和实际情况的考虑。3人是一个相对较小的团队，容易形成紧密的社交联系和合作。这样的规模使得普通人更容易集齐足够的人参与拼团，因为他们不需要联系太多人，也就相对降低了参与的难度。同时，3人的规模也足够小，使得团购价具有实际意义，能够给予成员一定的优惠，增加他们的参与动力。

在实施拼团优惠价时，社群运营者需要注意以下几点。

（1）优惠幅度要合理。优惠幅度应该足够吸引成员参与拼团，但也不能过高，以免损害社群的长期盈利能力。

（2）规则要清晰明了。社群需要明确拼团的规则，包括如何发起拼团、如何邀请他人参与、如何确认拼团成功等，以避免出现混乱或误解。

（3）激励机制要到位。除了优惠价之外，社群还可以设置一些额外的激励机制，如拼团成功后给予一定的积分或奖励，以进一步鼓励成员参与拼团。

不同的付费模式对支付能力不同的付费用户的心理暗示和激励效果是完全不同的，建议社群运营者了解不同的付费模式后再按照需求进行收费设计。

扫一扫

ZYX美妆品牌的社群运营与变现

任务3　知识类产品的社群如何变现

一、知识付费的逻辑

当今社会人们对内容价值的重视程度越来越高，越来越偏向于在有限的时间范围内找寻高价值含量的知识，知识付费应运而生。得到、知乎等不同模式的知识付费平台在市场上崭露头角，知识付费行业逐步迈向产业化，知识付费的发展进入了繁荣新时期。

知识付费的发展带来知识资本化，特别是在分工日益细化、知识日益区隔的背景下，知识付费为知识的普惠发展提供了可能的方式与途径。知识付费也使知识与社群的关系出现了一些变化。

从需求方来看，知识需求日益多样化，既包括传统的自然和社会科学知识，也包括生活及职业中的经验及技能知识，且求知者的再教育特征明显，如图8-4所示。

图8-4　知识付费消费者画像

从供给方来看，知识生产者的角色日益多元，社群也加入知识和信息生产的行列中。知识供给的目的也从传道授业演变为基于娱乐、兴趣、商业价值的多元诉求。

除此之外，知识的价值衡量标准也发生了变化，专业性不再是唯一标准，从众多冗余知识中筛选出的有效且具有工具性的信息则更为稀缺。总而言之，知识爆炸及需求的多元化，将知识付费与社群的关系结合得更为紧密，社群在知识传播中的地位更为凸显。

社群容易成为知识付费的营销对象，是因为社群的意见领袖可以影响成员的消费，社群成员的相互影响也会带动集体消费。社群成为知识付费的维护者与促进者，推动了知识付费品牌的传播，社群成员也通过消费增强了集体归属感，在获得身份认同、社会资本、社交货币的同时，也满足了社交需求。

在知识付费社群中，知识共享形成情感共振。意见领袖或知识网红具有知识盈余，对知识进行系统化梳理与结构化再造，成员分享知识与服务，社群互动促进知识的开发、生产、聚合与使用，成为知识共享与再造的平台，形成独特的社群文化。例如，得到App的社群"知识城邦"，意见领袖与主讲人发表笔记，成员可以提问、评论、点赞、打赏、偷听与转载，意见领袖与成员之间的交流、互动促进了知识创新与社交互动，增强了社群成员对社群的归属感与认同感，满足了成员的知识需求，促进了垂直化的社群营销与精准化的集群效应。知乎号召与世界分享你的知识、经验和见解，往来无白丁的精英社区满足了用户的社会认同和自我实现的需求。社区问答平台的社交功能强，内容生产门槛低，平台一般设置了点赞、评论、私聊等功能，增强了

互动性与娱乐性。阅读类平台则提供"达人领读""书友共读""语音听书"等服务，增强了社群成员的身份认同与情感交流。

知识付费本质上是知识传递、共享服务，在思考、讨论、参与中消化与吸收知识，在反馈或互动中真正掌握知识的精髓。知识付费是知识消费的升级，这种个性化与定制化的知识、资讯可以帮助用户获取直接收益，实现自我发展、认知提升、情感满足、阶层归属等目标。

二、知识付费的类型

知识经济本质上是一种服务经济，生产者将知识进行梳理、编辑与整理，成为结构化与专业化的知识产品与服务，用户则通过知识服务平台获取知识，满足某种效用并获益。知识付费，以知识产品的形式通过平台实现知识的分享和传播，付费平台比在线教育更强调社交性和交互性。从产品形态来看，知识付费包括音频录播、视频录播、视频直播、图文分享等形态。根据产品内容的形态，知识付费分为以下几种主要类型。

1. 付费问答知识付费平台

此类平台通过单次付费回答的方式提供知识服务，产品以音频为主。如知乎 Live 是知乎推出的实时问答互动产品，主讲人分享知识、经验与见解，听众可以随时提问并获得回答。分答也是一个问答服务平台，用户提出问题并支付费用，答主用一分钟时间进行语音回答，他人可以支付 1 元偷听答案，偷听的收入由问者、答者分享，平台提取佣金。

2. 大众化知识付费平台

此类平台提供跨学科、跨门类的知识服务与信息咨询，提供文字、图片、音视频等多元形态的产品。如喜马拉雅、蜻蜓 FM、荔枝微课是大众化、综合性的音频分享平台；知乎定位于综合型知识交流社区；得到则致力于让用户在短时间内获得有效的知识。

3. 垂直化知识付费平台

此平台提供某个行业领域的专业知识，是专业性、分众化的垂直服务平台，占领利基市场。如功夫财经、吴晓波频道、雪球网、财新、真知灼见等平台提供金融财经付费服务；36 氪、创业邦为科技界、投资界提供创业类资讯服务；钛媒体提供 TMT（科技、媒体和通信）行业的信息、咨询服务；丁香医生提供医疗健康类的咨询服务；极客时间打造面向 IT 领域的知识服务产品。

4. 在线教育知识付费平台

此平台给不同年龄段的学生提供在线教育服务，以付费的直播课程或音视频录播为主。例如，网易云课堂、慕课网等平台提供大学专业知识服务，新东方等平台专注外语教学；好多课、混沌大学为企业提供在线培训、技能提升服务。此外，凯叔讲故事是深耕儿童内容领域的知识付费平台，十点读书是基于微信公众号的读书分享平台，樊登读书会是基于移动互联网的学习阅读平台。

5. 工具型知识付费平台

这类平台在知识付费领域中扮演着至关重要的角色，它们不仅为知识创作者提供了技术与平台支持，还协助他们创作内容、入驻平台、上传产品，并全面管理用户与售卖商品。作为一个专注于新教育的技术服务商，小鹅通为教育机构和内容创作者提供了全面的技术解决方案，其平台涵盖了在线课程、直播互动、营销工具等多项功能，帮助教育者和学习者实现高效的知识传递与学习体验。作为一个社区型在线知识分享平台，千聊强调社交与互动的元素。它提供了多种形式的课程内容，包括音频、视频、直播等，让知识分享变得更加生动有趣，同时，千聊也鼓励用户之间的互动与分享，形成了知识共享的社区氛围。

三、知识付费的变现方式

知识付费的变现方式包括专栏订阅、按次付费、悬赏模式、付费社群模式、广告盈利模式、会员制、打赏模式等。

专栏订阅：得到、喜马拉雅、知乎 Live 等采用专栏订阅付费方式，用户通常支付一年时间的订阅专栏费用，平台则提供一年的内容与服务。

按次付费：付费问答多是按次付费，如分答、知乎、微博问答等，知乎 Live 是答主与用户建立付费的一对多互动问答关系，产品以音频为主。

悬赏模式：提问者支付一定的虚拟货币，其他用户回答问题，提问者选择最满意的回答并向回答者支付报酬。

付费社群模式：这种模式能让用户享有高质量的社群服务，如"大V"组织的付费微信群、QQ群，将具有共同价值观与兴趣爱好的成员聚集起来，形成黏性强的社交关系。

广告盈利模式：喜马拉雅与蜻蜓FM等平台的广告收入占其总收入的大部分。

会员制：喜马拉雅、得到、樊登读书会、知乎 Live 等采取付费订阅模式，部分平台同时采取会员制。

打赏模式：简书、微博、微信文章等相继推出打赏功能，读者在阅读以后可以自愿支付一定的金额表达支持，额度在 1~500 元，这种模式可以激发用户生产优质的内容，提高平台的用户黏性。

知识窗

"智汇"春晚

2020 年"知识春晚"是由深圳卫视携手得到 App、爱奇艺共同举办的一场特殊春晚。这场春晚以知识为主题，区别于传统的娱乐性质的春晚，这场春晚更加注重知识的传播和分享，如图 8-5 所示。

在节目内容上，知识春晚邀请了包括罗振宇、张泉灵、庞玮等在内的 50 多位来

2020鼠年除夕，得到App与深圳卫视、爱奇艺联合出品了"知识春晚"，由罗振宇、张泉灵、庞玮担纲主持，邀请了55位素人嘉宾演讲，为观众呈现了一场10小时的直播知识晚会。晚会主题包括玩得好、更舒心、更健康、更好看、受欢迎、找对象、教好娃、会挣钱、有前途九大板块。艾媒咨询分析师认为，不同于传统的文娱春晚，"知识春晚"以创新的形式，在中国百姓全家团聚的期间内输出有一定价值的内容，给观众耳目一新的感觉。

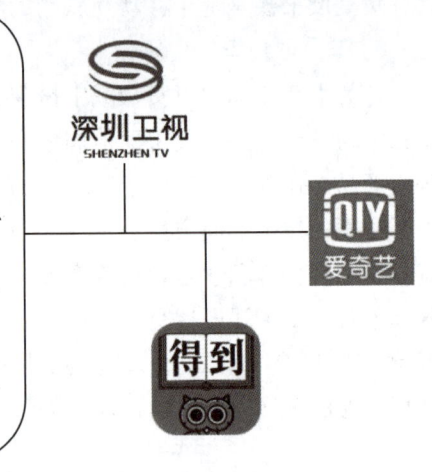

图 8-5 耳目一新的知识春晚

自各行各业的分享者，他们通过演讲、访谈等形式，为观众带来了丰富的知识盛宴。同时，节目还设置了大量互动环节，使观众在欣赏节目的同时，也能够积极参与其中，感受知识的魅力。

在播出方式上，2020年知识春晚采用了多平台同步直播的方式，观众可以通过深圳卫视、爱奇艺以及壹深圳等多个渠道观看节目。这种播出方式不仅扩大了节目的受众范围，也使更多的人能够接触和了解知识春晚这一全新的节目形式。

2020年知识春晚是一场集知识、娱乐、互动于一体的创新节目，它为观众带来了全新的视觉和听觉体验，同时为知识的传播和普及做出了积极贡献。

四、粉丝经济带动社群变现

知识付费行业具备粉丝经济的鲜明特征。在这个领域，知识网红扮演着偶像的角色，而粉丝则成为他们提供的产品与服务的忠实拥趸，展现出极高的黏性。粉丝不仅是大众文化接受者，更以主动、热情、狂热和参与式的方式投入其中。他们往往更愿意为心仪的知识付费内容买单，这种消费行为背后，是对偶像的崇拜与拥护。因此，粉丝不仅是偶像的忠实用户，更具备巨大的商业价值。

知识付费平台巧妙地将粉丝的社会资本转化为经济资本，使粉丝成为消费者，平台也成为偶像与粉丝之间的桥梁。这种转化不仅实现了知识网红、粉丝、资本与流量的有机融合，也构建了完整且高效的知识付费产业链。

在知识付费平台上，知识网红包括知名博主、论坛"大V"、微信公众号"大牛"等社会知识精英，他们凭借专业性的知识和其广泛的影响力，吸引并积累了大量粉丝。这些网红利用自己的影响力与号召力，成功将粉丝流量变现，为平台创造了巨大的商业价值。而平台则充分利用前期的粉丝积累与品牌打造，形成知识付费的完整闭环。

以知识问答平台为例，罗振宇、章子怡等明星网红积极参与热点问题的回答，利用社交平台的点赞、评论、私聊等功能吸引粉丝积极参与，进一步提升了平台的用户

项目八　社群的商业变现

活跃度和用户黏性。在喜马拉雅付费平台上，罗永浩、李开复、吴晓波、马东等知识网红和意见领袖的入驻，不仅提升了知识付费专栏的口碑与人气，更为平台吸引了大量高质量用户。财经类付费平台则汇聚了财经界网络"大 V"的智慧与名气，为企业高管、金融专家等搭建了一个精英汇聚的交流平台。今今乐道等社群阅读型平台则通过构建明星、企业家、高管等线上线下社群，增强了平台的凝聚力，为用户提供了更加丰富和深入的交流与学习机会。

> 扫一扫
>
> 小红书和得到的社群变现商业模式创新

总之，社群知识付费的可持续发展，需要注重发展策略。内容方面，知识服务产品要垂直深耕、分众传播，朝着垂直化、专业化与个性化方向发展，成为稀缺的产品与服务，满足受众个性化、多样化、差异化的需求。生产方面，要尊重知识传播规律，不仅需要聚焦头部产品，也需要关注长尾产品，提升产品的质量，不能以知识为噱头进行虚假营销。平台方面，要有效开发用户的认知盈余，实现供需双方的匹配，刺激知识生产，推动知识共同体的产生。营销方面，可以借助人工智能与大数据技术，向目标人群智能推送优质内容，提升消费者的体验，增强内容与付费的匹配度，培养忠实用户。用户方面，要增强用户的支付意愿，提升感知有用性和感知易用性，提高复购率。知识产权保护方面，要通过区块链技术与数字技术，完善产权保护，防止他人盗用，维护知识生产者以及平台方的知识产权。

能力训练

训练任务：请各小组利用之前所建立的社群或自己所在的社群，通过商业化运营实现社群变现。学生以小组为单位，制定社群变现策略，并填写表 8-1。

表 8-1　社群商业变现

社群名称	
社群用户特征	
你所知道的社群变现方式	
你所选择社群的变现策略与思路	
变现方法的具体实施	

任务评价

序号	评分内容	总分	教师打分	教师点评
1	对社群用户特征的把握是否准确	25		
2	对社群的变现方式是否有较为全面的了解	25		
3	社群的变现策略与思路是否准确	25		
4	变现方法的具体实施方法是否具有可行性	25		
	总分	100		

参考文献

[1] 秦阳，秋叶. 社群营销与运营[M]. 北京：人民邮电出版社，2017.
[2] 杨泳波. 社群营销[M]. 北京：人民邮电出版社，2018.
[3] 赵雨. 社群营销[M]. 北京：人民邮电出版社，2020.
[4] 张志. 社群营销与运营[M]. 北京：人民邮电出版社，2022.
[5] 胡莹，张冠凤. 网络营销[M]. 江苏：江苏大学出版社，2023.
[6] 李兰青. 社群营销与运营（微课版）[M]. 北京：人民邮电出版社，2023.

本书所使用的图片，若涉及任何版权问题或侵权行为，敬请及时与本书出版方或版权所有者联系。我们将尽快核实情况，并依据相关法律法规进行处理，共同维护知识产权的合法权益，感谢您的理解与配合。